小さなお店・会社、フリーランスの

「テレビ活用」7つの成功ルール

メディア活用研究所代表
大内 優

同文舘出版

はじめに
──小さな会社やフリーランスこそ、テレビを活用する時代です！

　午前３時。
　ウーウーとけたたましく鳴るサイレン。近くで火事があったのでしょう。
　どんなに深い眠りでも、サイレンの音を聞くと一気に目が覚めるのです。報道記者時代の習性です。テレビ局を辞めてから11年たった今でも、身体が覚えているのです。
　フジテレビ系列の地方局に勤めていた私は、毎日が緊張の連続でした。特ダネを取らなければいけない、他局や新聞に負けてはいけない、現場にいち早く駆けつけなければならない……そんな気持ちで１日がはじまり、終わっていきます。

　私は、何があってもすぐに動けるように、入社してから半年間、スーツを着て寝ていました。その理由は実に消極的なものでした。ヘマをすれば鬼のような上司に怒られる……。怒られたくないから、そうせざるを得なかったのです。
　2002年当時の私は、本当に平和主義者でした。事件や事故が起きないように、毎日手を合わせていました。事件や事故が起きれば、ライバルとの特ダネ合戦になります。失敗をすれば、また怒られる。何も起きてほしくないと祈る日々が続きました。
　しかし怖いもので、感覚は麻痺するのです。特ダネが取れるようになってくると、記者としての自信もつき、事件や事故の発生を願う自分がいました。これくらいの規模の事件があれば、全国放送に取り上げられる。そうすれば、小倉智昭さんや安藤優子さんと中継で掛け合いができて、全国に自分の存在を知らしめることができる。そんなふうに思うようになっていたのです。

そんなとき起きたのが、2004年に起きた新潟県中越地震です。福島テレビに勤務していた私は、同じフジテレビ系列の新潟総合テレビの応援という形で、当時の山古志村（現在の長岡市）の取材をしました。闘牛と錦鯉、そして棚田で有名な山古志村は、一瞬にしてすべてを失ったのです。
　地震当日は、お寺の境内にみんなで身を寄せ合い、１匹300万円もする錦鯉を泣きながら食べたという話を聞きました。「助けてください」とすがる人たちの手を振りほどき、夕方のニュース放送のために取材をする自分が、本当に小さくて醜い存在だと思うようになりました。
　被災地での取材を続けるうちに、自分の正義がサーッと音を立てながら崩れていくのがわかりました。自分がやりたいのは、特ダネ競争に勝つことじゃない、本当に情報を求めている人に、必要な情報を届けることだ、そう気づいたのです。
　「知らない人が損をする世の中を変えたい」。私はファイナンシャルプランナーに転身しました。それからは、あの日、新潟で出会ったお父さん、お母さんたちが悲しまなくてすむように、フリーランスや中小企業、小さなお店の経営者を、お金の面からサポートしてきました。

　そのとき、思ったのです。私があれだけ夢中になった、**テレビを活用して多くの人の役に立つ方法はないか**と。それがプレスリリースであり、メディア活用だったのです。
　今は、おかげさまでテレビマンとしての経験と、ファイナンシャルプランナー・経営コンサルタントとしての実績をもとに、全国の商工会議所を回って講演をしたり、テレビに出演するためのプロデュースをさせていただいています。
　そこで、私は必ずこう言っています。
「テレビは観るものじゃない、出るものだ！」

　テレビは観て楽しむものだ、ほとんどの人がそう思っています。しかし、ただテレビを観ているという行為は、あなたから「時間」という大切な財産を奪っているのです。しかし、それがテレビに出ることで、あなたはテ

レビからこんなにたくさんのものを受け取ることができるのです。
　①全国レベル、もしくはビジネスエリアでの集客力
　②ブランド・お墨つき・信頼
　③商品力（価格を上げても安心して買ってもらえる信頼）
　④他メディア（テレビ、新聞、雑誌など）からの出演・掲載依頼
　⑤出版の依頼
　⑥販路拡大、他企業との提携
　⑦広告反応率のアップ、広告コストの減少（効果は３～４倍）
　⑧補助金・助成金・融資・クラウドファンディング等の資金調達
　⑨優秀な人材の採用・リクルート
　⑩スタッフ・家族のモチベーションアップ、ブラックイメージの払拭

　ここに挙げたのは一例です。どうでしょうか、あなたはこうしたものを手に入れたいと思わないでしょうか。しかも、手に入れるのにかかる費用は０円。今の時点では、「コネクションや特別な知識も必要ありません」と言ったら、いかがでしょうか。
　考える時間すら、いらないでしょう。そのために必要なことはすべて、隠すことなくこの本に書かせていただきました。
　この本は、「大きな会社には規模でも知名度でも、資金力でもかなわないけれども、商品やサービスには自信がある、この熱い想いだけは誰にも負けない」という人の力になりたいと思って書きました。
　私もフリーランスの父親の背中を見て育ちました。自分の仕事に熱い想いを抱いている人たちの背中を押して、勇気を出していただける内容にしたつもりです。
　あなたにやってほしいことは、たった１つだけです。まずは、先ほど挙げたような未来が手に入ることを信じて、私についてきてください。
　この本との出会いが、あなたのビジネスを大きく飛躍させるきっかけになりますように。さあ、はじめましょう！

　2017年５月吉日　　　　　　　　　　　　　　　　　　大内　優

『小さなお店・会社、フリーランスの
「テレビ活用」7つの成功ルール』● 目次

はじめに
——小さな会社やフリーランスこそ、テレビを活用する時代です！

1章 今日からあなたにメディアを活用してほしい理由

1　小さなお店や会社、フリーランスが抱える2つの悩みとは？　12
2　テレビを活用して行列が絶えない店に　14
3　テレビがまだ見ぬお客様を連れてくる　17
4　テレビを活用する前に、よくある質問　21
5　残念ながら、テレビ活用で90％の人が泣いている　24

2章 あなたの商品・サービスをテレビに応援してもらおう

1　そもそもプレスリリースって何ですか？　30
2　「広報」と「広告」の違いはどこにある？　31

- 3 なぜ、自分からテレビに売り込まないといけないの？　34
- 4 テレビって「オワコン」？　36
- 5 投資０円で宝くじを当てる！　それがプレスリリース　40
- 6 視聴率１％で120万人があなたを観ている！　42
- 7 広報計画を立てよう　44

3章 プレスリリースを作成する前に知っておきたい5つのこと

- 1 マスメディアを知る①
  テレビ局の実情　50
- 2 マスメディアを知る②
  テレビ・新聞・ラジオ・雑誌の違い　54
- 3 マスメディアを知る③
  テレビの中でも違いがある　60
- 4 マスメディアを知る④
  つくり手のココロの中を透視する　63
- 5 あなたが決めるべき３つのもの　68
- 6 自分の商品・サービスを知る①
  取り上げられる商品・サービスのつくり方　69
- 7 自分の商品・サービスを知る②
  価格アップはこのタイミングで　74
- 8 ターゲットを知る①
  制作サイドの意図をつかむ　76

9　ターゲットを知る②
　　テレビ活用のための「ペルソナ20」　78

10　自分の魅力を知る
　　ストーリー型プロフィールの作成　81

11　流行・常識を知る①
　　テレビが今、興味を持っているものを知る　86

12　流行・常識を知る②
　　流行は繰り返す　88

4章 新規顧客がやってくる プレスリリースの書き方「7つの掟」

1　4万通のプレスリリースに目を通して気づいたこと　92

2　プレスリリースはＡ4用紙1枚に収める　94

3　1つのプレスリリースには1つのネタ　96

4　こうしてプレスリリースは選別される　97

5　大内流　プレスリリースの書き方「7つの掟」［その1］
　　タイトルをつけてはいけない　100

6　大内流　プレスリリースの書き方「7つの掟」［その2］
　　タイトルは10文字から15文字で短く　102

7　大内流　プレスリリースの書き方「7つの掟」［その3］
　　5W5Hを明確にする　103

8　大内流　プレスリリースの書き方「7つの掟」［その4］
　　一文は60字以内で書き切る　105

9 大内流 プレスリリースの書き方「7つの掟」［その5］
　テレビマンに価値を伝える「必殺の一文」　**107**

10 大内流 プレスリリースの書き方「7つの掟」［その6］
　テレビマンをワクワクさせる「必殺の動画」　**108**

11 大内流 プレスリリースの書き方「7つの掟」［その7］
　最後のチェックまで抜かりなく　**109**

12 プレスリリースの書き方「7つの掟」まとめ　**110**

5章　取材獲得率が大幅にアップするプレスリリースの書き方　実践編

1 マスコミが弱い7つの言葉　**114**

2 プレスリリースネタ 15 の切り口　**116**

3 取材されやすいキーワード「かきくけこ」　**119**

4 組み合わせでテレビ取材を獲得する　**121**

5 一番大切なのは「あなたの想い」　**123**

6 プレスリリースの Before → After　**125**

7 変化はすぐに訪れる！　**136**

6章　熱意と一緒に届けるメディアへのアプローチ方法

1 プレスリリースを書いてからが勝負！　**138**

2 メディアリストのつくり方　**140**

- 3　あなたのプレスリリースの提出先はここだ！　146
- 4　テレビ局への営業は「正面突破・正攻法」で　149
- 5　テレビ局への電話のかけ方　152
- 6　ライバルに差をつけたいなら手紙を送ろう！　155
- 7　テレビマンに直接会って想いを伝えよう！　156
- 8　アプローチの正しい時期・時間帯は？　159
- 9　観たこともないテレビ番組にアプローチするのはとても失礼　162
- 10　プレスリリースには「敗者復活戦」もある　164
- 11　アナログ活動を積極的に行なうべし！　166
- 12　地方のメディアは大チャンス！　168
- **REPORT**　地方テレビ局のプレスリリース対応の実情　169

7章　集客力を高める取材の受け方

- 1　取材が決まってからはトントン拍子で進んでいく　176
- 2　取材のための準備5つのチェックポイント　178
- 3　テレビ取材設定の際の注意点と配慮　182
- 4　テレビマンが求めるもの　184
- 5　テレビマンの「取材OKライン」とは？　185
- 6　テレビ取材の前後にされる「裏取り」とは？　186

7　取材のときの印象はあなたがつくる　187

8　取り上げられ方であなたのイメージは大きく変わる　189

9　取材を受けてからが大切　191

8章　メディアが連れてきた見込客をリピーターに育てる方法

1　テレビマンと信頼関係を構築する方法　196

2　「メディアわらしべ長者」を目指す　199

3　次の出演依頼は向こうからやってくる　201

4　一発屋で終わらないための「効果的な二次利用」12の方法　203

5　周囲への感謝の気持ちと宣伝活動を忘れずに　208

6　メディアにもらった新規顧客をリピーターに変える　209

7　ホームページはこう更新する！　212

8　口コミを生み出す方法　215

9章　ビジネスを長期的・継続的に成功させるメディア活用術

1　コラボビジネスの注意点　218

2　テレビ出演が資金調達を有利にする　221

3　補助金・助成金と相性抜群のプレスリリース　**224**

4　テレビ出演で優秀な人材を採用する　**227**

5　広報を「しくみ化」する　**229**

6　風評被害対策・ストーカー対策の必要性　**231**

おわりに　──テレビは今日もあなたを待っている！

カバーデザイン・本文デザイン・本文DTP　ISSHIKI

1章

今日からあなたにメディアを活用してほしい理由

小さなお店や会社、フリーランスが抱える2つの悩みとは?

94%の会社が10年もたないという現実

　1年で60%、3年で85%、10年で94%……。
　これが何の数字か、おわかりですか? 現在の、日本の中小企業が開業後に倒産する確率です。残念ながらこれが現実です。
　起業した人は、野望や野心、情熱に溢れています。少しでも自分のビジネスを知ってもらおうと必死です。しかし、そのような人たちをもってしても、なんと**開業から10年以内で94%が倒産してしまう。**それが現実です。では、なぜ倒産してしまうのでしょうか?

　私はテレビ局の報道記者として、そして経営コンサルタント、メディア活用プランナーとして、これまで1000件以上の倒産した会社を間近で見てきました。
　倒産した会社の経営者にインタビューすると、無念の表情を浮かべながら、倒産の理由についてこう話してくれました。

・自分の金銭感覚が麻痺していた
・会社の事業計画の立て方が杜撰だった。行きあたりばったりだった
・流行・ブーム重視のビジネス展開をしてしまった
・社員教育・信頼関係が構築できなかった
・自分が営業して稼ぐことが優先で、社員の営業能力を伸ばすことができなかった
・独りよがりのワンマン経営をしてしまった
・身の丈に合わない目標・ビジョンを立てて、求心力が失われた
・業績が落ち込んできたときに、誰にも相談できなかった

　さらに、「どうしてそんな状況になってしまったのですか?」と質問を

続けると、ほとんどの経営者は、「経営状態がいいときのイメージが強く残っていた」「状況が悪くなると、一気に坂道を転がり落ちていく感じで、歯止めがきかなかった」と言うのです。これらの言葉からもわかるように、経営を高い状態で安定させるのは、非常にむずかしいのです。

誰の喜ぶ顔が目に浮かぶか

経営を安定させるために必要なのは、次の2つです。**「売上」**と**「集客」**。

売上がコンスタントに上がって、一定の数のお客様が毎日来てくれれば、ビジネスは安定します。しかし、売上と集客を安定させるのは非常にむずかしいことです。天候の良し悪しや季節、イベント、景気、ライバル店の登場……外的要因によっても影響を受けることが多いからです。

小さなお店や会社、フリーランスは、常に売上・集客のことで頭を悩ませています。実際に開業したばかりの頃は私もそうだったので、よくわかります。この2つが原因で考え込み、夜も眠れない時期があった、と話す人も大勢います。

私が開催しているテレビの活用方法を伝えるセミナーの参加者に、参加目的を聞いた結果でも、第1位は、**「ラクに集客できるようになりたい」**、第2位は、**「売上を高い水準で安定させたい」**なのです。

集客がラクになって、売上が今より高い水準で安定したとき、あなたのビジネスは今と比べて、どうなっているでしょうか。周りにどんな人がいるでしょうか。誰が喜んでくれるでしょうか。

そのときの姿をイメージしながら、テレビをはじめとするメディアを活用する方法を学んでいきましょう。

「売上」と「集客」についての悩みを解消するために、テレビを活用する方法を一緒に学びましょう。

2 テレビを活用して行列が絶えない店に

映像として伝えたい情報

　では、「売上」と「集客」の問題を解決するためには、どうしたらいいのでしょうか。

　もっとも速く、効果的な方法は、**「テレビなどのメディアの力を借りる」**ことです。テレビ局にあなたのことを取材してもらい、放送してもらうのです。

　テレビに取り上げられれば、その**放送を観ていた人が、あなたやあなたの商品・サービスに関心を持ちます。**すると「もっと知りたい！」と思った人が、あなたの周りにやってきます。そこであなたは、自分の商品・サービスの内容や想いについて、テレビで十分に伝えきれなかった部分も含めて、伝えればいいのです。

　ですから、私はメディアを活用することを強くお勧めします。まずは理屈うんぬんよりも、実例を見てもらいましょう。メディアを活用して、売上や集客、ブランド力のアップにつなげた好事例です。

　東京・有楽町駅前の東京交通会館。平日の昼間、ここに行列ができています。この行列は、何かものを買うための行列。飲食するための行列ではありません。何の行列かと言うと、靴磨きを待つ人たちです。

　あなたは今まで、靴を磨いてもらうために行列に並んだことはありますか？　私はこのお店に出会うまでは、一度もありませんでした。では、このお店はなぜこんなに行列ができているのでしょうか。それは、テレビで取り上げられたからです。そこにはテレビが取り上げたくなる情報（ネタ）がたくさんあったのです。

まずは店員さんの着ている制服です。ベレー帽にブレザー。**靴磨きの職人さん全員が、昔の英国風の紳士をイメージさせるような制服を着ています。**アパレルメーカーのユナイテッドアローズで新調したものだそうです。

ユニフォームは、その仕事を言葉で説明しなくても、ビジュアルでお客様に伝えることができます。映像を活かして情報を伝えるテレビにとっては、非常に魅力的です。ぜひ取り上げたくなる情報の1つです。

テレビ効果で行列が絶えない「千葉スペシャル」

そして、サービスに特徴があります。通常、靴磨きと言うと、今履いている靴を磨いてもらいますよね。しかし、ここに並んでいる半数以上の人は、今履いている靴を磨いてもらうことはしません。

では、どういう靴を磨いてもらうのかというと、**靴屋さんで買ったばかりの新しい靴を持って、行列に並んでいるのです。**それは、代表の千葉さんが開発した靴磨きのクリームが、特別なクリームだからです。

靴磨きを自分でしている人であればわかると思いますが、靴磨きって結構手間がかかりますよね。ほこりをブラシで払って、濡れ拭きで汚れを落として、乾いた布で水気を取って、クリームを塗って、乾いた布で磨く。

私も含めて、面倒に思う人も多いことでしょう。しかし、千葉さんに新品の靴をおろす前に磨いてもらうと、後が非常にラクなのです。

その後、自分で手入れをするときに、「濡れ拭きだけすればいいですよ」というクリームを開発したのです。面倒だった靴磨きの手順を大幅にカットすることができるのです。

千葉さんはそのクリームを使った靴磨きサービスを、屋号と同じ「千葉スペシャル」と名づけました。

実際に靴磨きをしてもらった人からも好評で、**「靴の寿命が3倍長持ちする靴磨き屋」**のフレーズで、連日ワイドショーをはじめとするテレビ番組が取り上げました。新聞も取り上げました。インターネットにも掲載さ

れました。その結果、これだけの行列ができたわけです。

この行列、並んでいる人は30分以上待っています。

東京では今、靴磨きの平均単価は700円です。「千葉スペシャル」は1100円ですから、通常の店の50％以上、金額としては高くても、行列が絶えることはありません。それが、テレビをはじめとするメディアに取り上げられた効果なのです。

そうすると、売上も自然と伸びます。売上は**「顧客数×単価×購入回数」**ですから、単価を下げずに顧客数が伸びれば、売上は上がります。顧客数が増えなくても、単価が上がれば売上は上がります。

しかし、何も理由がないのに単価を上げるのはむずかしいことです。「千葉スペシャル」の場合は、テレビを上手に使って集客数を増加させたということなのです。

「靴の寿命が３倍長持ちする靴磨き屋」のニュースが取り上げられて２年になりますが、いまだに行列が絶えることはありません。

金額が高くても行列が絶えることがない。それがテレビ活用の効果なのです。

1章　今日からあなたにメディアを活用してほしい理由

 ## テレビがまだ見ぬお客様を連れてくる

不満を買い取り、販売する会社

　あなたは、「不満買取センター」という会社をご存じですか。この会社は世の中の人が持っている、ありとあらゆる不満を買い取っています。
　インターネットであるお題を出し、そのお題について不満を募集して、寄せられた声に対して1件あたりいくら、という金額で買い取っているのです。金額は1件あたり5円から25円だそうです。
　そうやって集まった不満を新商品の技術開発や、マーケット分析に使いたい企業に、1件あたり50円から100円で販売しています。

　では実際、どのような不満を、どのようなところに販売しているのでしょうか。
　例えば、梅雨の時期に「雨に対する不満」というテーマで募集しました。すると、5日間でおよそ4700件の不満が寄せられたそうです。そのときの不満ベスト1位は、傘についての不満で1071件。「傘が不便」だとか「面倒だ」「危ない」といった内容です。この不満の販売先は、傘のメーカーということになります。
　2位は乗り物・道路についての不満で、599件寄せられました。
　雨の日は道路が混むといった内容は、ロードサービスを提供する会社や地図を製作する会社、高速道路の公団が販売先となります。満員電車で傘についた雨のしずくが当たる、などの情報は鉄道会社。フロントガラスが曇りやすいという情報は、カーディーラーやカーショップに販売されます。
　次に洗濯物が乾かないなど、洗濯に対する不満が3位で307件。この情報はどこに販売するのかと言えば、洗濯機をつくっている家電メーカーや、物干し竿をつくっている会社、ベランダの設計を手がける建築会社、洗剤の開発メーカーなどが対象になります。

不満をアンケート形式で回答してもらい、データベースにすることで、必要に応じて企業に販売しているのですね。

　不満を書き込むことによって発散させてくれるサービスが、今の世の中に必要とされているのも理解できますし、おもしろいサービスです。そういった意味では、==テレビにとって非常に魅力的なコンテンツです。==

　しかもこの不満買取センター、それだけで終わりではありません。

　あるネイルサロンが、「ネイルサロンに来るお客様が、今のサロンに感じている不満を調べてください」という調査を依頼しました。

　ネイルサロンとしては、その不満について、ある程度予想を立てていました。「技術力が低い」「値段が高い」「ネイルの種類がもっとほしい」。そういった不満を想定していました。

予想外のお客様の反応

　しかし、その予想にはなかった不満が出てきたのです。「施術中に、ネイリストとどんな話をしたらいいのかわからない」という声が非常に多かったのです。

　そこで、このネイルサロンはある工夫をします。何かと言うと、お客様に渡すメッセージカード、まあ、名刺のようなものですね。メッセージカードに、ひと言だけ加えさせたのです。

「私の好きな映画は〇〇です」

　これだけです。すると、好きな映画について書いたネイリストの指名数が、書いていないネイリストの2倍になったそうです。

　女性であればわかると思うのですが、ネイルの手入れって、結構時間がかかりますよね。その時間を楽しく過ごしたいという気持ちから、自分と共通の価値観を持っている人に担当してほしいというお客様が、「〇〇さんでお願いします」と指名するようになったのです。

　その結果を受けて、ネイルサロンは、「ネイリストとの会話の不満については、購入したデータを見て初めてわかりました。消費者が本当に考えている隠れた声を聞くことができてよかったです」と話しています。

テレビがお客様を連れてくる

　この件ですごいなと思ったのは、テレビ活用の方法です。

　不満を直接集めるシステムを持っている不満買取センターは、**自社のシステムについて広く知ってもらうためにテレビを使いました。**一方、ネイルサロンは、不満買取センターのサービスを利用しているお客様です。お客様側も、その題材に乗っかって、自分たちが工夫している**メッセージカードのサービスを知ってもらうためにテレビを活用した**のです。

　つまり、商品を提供している側と、提供された側の両方をテレビで取り上げてもらって、双方のやっていることを広く伝えて**お互いにブランド力を高めた**、というところにこの両者のメディア活用の特徴があります。

　テレビは、このような使い方をすることも可能だということです。

　もちろん、結果として両方の会社の認知度が高まり、お客様が増え、売上アップにつながったことは言うまでもありません。

　テレビには大きな力があります。**昨日まであなたのことをまったく知らなかった人を、あなたの目の前まで連れてきてくれるのです。**

　その後、あなたはテレビが連れてきてくれた人（見込客）をお客様に、そしてリピーターに育てていく必要があります。（詳しくは、「8章：メディアが連れてきた見込客をリピーターに育てる方法」「9章：ビジネスを長期的・継続的に成功させるメディア活用術」をお読みください）

　あなたの商品・サービスの質が高ければ、見込客は一定の割合でお客様に、さらにそのお客様が一定の割合でリピーターになってくれます。そうしたステップを踏んで、売上が安定するようになるのです。

ウソをつけばすべてを失う

　テレビを活用するのは、何も売上を伸ばすことだけに限ったことではありません。**「人手不足で悩んでいる、優秀な人材を採用したい」**という小さなお店・会社でも、活用できます。あなたの会社が、どんな想いで商

【テレビを観た人がリピーターになるまで】

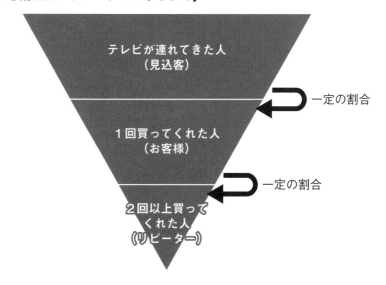

品・サービスを提供しているのか、そして社員のためにどんなことをしているのかをテレビで伝えればいいのです。

　また、会社を**「イメージをアップさせたい」**場合も同じです。あなたの会社が世の中のどんな「不」（不安・不満・不幸・不評……）を解消すべく活動しているのか、そのためにどんな困難に立ち向かっているのか、社員にどんな苦労・迷惑をかけていて、経営者はそれにどう向き合っているのか。そうしたことをテレビで伝えるのです。

　しかし、いずれの場合も、大切なポイントが１つだけあります。それは、**ウソをつかないこと**です。

　ウソや隠しごとは、テレビマンの信頼を失い、視聴者の信頼を失うことになります。そうなればテレビに取り上げられることが逆効果になります。

 ビジネスにおける問題のほとんどは、テレビの力を借りれば解決できます。

1章　今日からあなたにメディアを活用してほしい理由

テレビを活用する前に、よくある質問

　これまで紹介してきたことをお伝えすると、ほとんどの方が、「ぜひテレビを活用したいです！」と前向きな反応を示してくださるのですが、実際には行動しないで終わってしまうケースが非常に多いのです。
　なぜかと言うと、多くの方には、自分が取材されたり、テレビで放送されるということに対して、**「敷居が高い」「不安だ」**といった思いがあるからのようです。
　そこで私がこれまでにいただいた質問の中で、代表的なものをいくつか挙げてみましょう。

【質問1】テレビに取り上げられるって、すごくお金がかかるのでは？

　お金をかける方法とお金をかけない方法があります。**お金をかける方法を「広告」、お金をかけない方法を「広報」と言います。**
　この本でお伝えするのは、お金がなくても、コネがなくても、ブランドがなくても、今日から誰でもすぐにスタートできる方法（広報）です。
　かかるお金は、あなたが書いた文章の印刷費や切手代、テレビ局までの交通費程度です。

【質問2】コネが必要だったり、特別な人じゃないとむずかしいのでは？

　この本の内容を実践するのに、テレビ局関係者のコネはまったく必要ありません。
　テレビに取り上げてもらう場合、強力なコネ（例えば、大口のスポンサーからの紹介）があれば、確かにプラスに働く場合があります。
　しかし一方で、よく「自分は○○テレビのプロデューサーと知り合い

だ!」などと言っている人が、テレビに取り上げられないケースも非常に多いのです。

それはテレビの報道番組が、企業や特定の人物の営利目的での放送を嫌うからです。

逆に言えば、あなたがテレビに取り上げられるためには、**「営利目的だけではない有益な情報」を提供する必要があるということです。**あなたの言葉でしっかりとあなたのメッセージを伝えられれば、コネクションがなくても、まったく問題ありません。

もちろん、現在の会社の規模や有名無名なども関係ありません。

【質問3】地方だと、テレビ活用なんて無理なのでは?

東京・大阪・名古屋などの大都会に比べて、地方だとテレビ局の数も少ないし、番組数も少ないし、同業他社がもうテレビに出まくっているし、入り込むのは無理なのでは……。

地方の商工会議所などで講演していると、このような質問をたくさん受けます。しかし実際には、**今からはじめるのであれば、明らかに地方のほうが有利です。**

その理由として、この本に書いてある内容を地方で実践している人、活用している人は、ほとんどいないからです。

あなたがテレビに出ていると言った同業他社も、かなりの金額の広告費を出して、CMなどを使って実績をつくっています。

ではもし、あなたの会社が今からライバル会社と同じようにCMなどを使って地域一番店を目指すとしたら、どのくらいの費用がかかるでしょうか?

一概には言えませんが、毎年、数千万円から億単位の広告宣伝費が必要になります。

あなたが地方にいて、誰かの役に立つ商品やサービスを提供しているの

であれば、ぜひこの本の内容を実践してください。そうすれば現時点で一歩先を行っているライバル会社にも、大逆転することが可能です。

【質問4】商品・サービスがないと無理なのでは？

商品やサービスと言うと、形があるものをイメージする人が多いと思います。

しかし、テレビが取り上げたいのは、そのモノ自体ではなく、そのモノに込められたメッセージなのです。つまり、モノに形がある、ないということよりも、**あなたの「想い」や「人柄」が大事なのです。**

だから、商品やサービスがなくても、まだつくっている途中でも、思い切ってアプローチしてみてください。

また、テレビに取り上げられるための準備をすることで、あなたの商品やサービスをブラッシュアップすることにもつながります。

テレビを活用するのに、お金もコネも必要ありません。まずは勇気を持って、一歩踏み出しましょう。

5 残念ながら、テレビ活用で90%の人が泣いている

「一発屋タイプ」のお店とは？

下の2つのグラフは、実際にプレスリリースを書いてテレビに取材されたお店の売上の推移を、時間の経過とともに表わしたものです。

左側のグラフのお店は、テレビ放送された直後をピークに、それ以降、売上が上がることはありませんでした。

一方、右側のグラフのお店は、テレビで取り上げられてから、一時は売上が下がったものの、また山ができて、全体的に右肩上がりになっています。どうしてこのような違いが生じてしまったのでしょうか？

左側のグラフのようなお店を**「一発屋タイプ」**と呼びます。**実際のところ、テレビに取り上げられたお店のおよそ90％が、このグラフと同じような軌跡をたどります。**

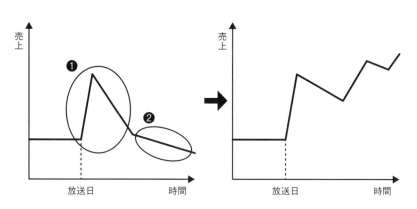

〈一発屋タイプ〉
一般的に起こり得るプレスリリース利用時の売上
⇒**90％がこのタイプ**

〈成長タイプ〉
理想的なプレスリリース利用時の売上
⇒**10％だけが知っている**

ではなぜ、「一発屋タイプ」になってしまうのでしょうか。その理由の1つに、「テレビに出ることがゴールになっている」ということがあります。

　テレビの影響力が大きすぎるために、テレビに取り上げられただけで満足して、お腹いっぱいになってしまう人が多いのです。

　フリーランスや小さな会社がテレビに取り上げられるためのサポートしてくれる会社（PR会社など）も、たくさんあります。

　しかし、それらの会社は、あなたがテレビに取り上げられるまでの契約であることが多く、「テレビに出たら、あとは自然にお客さんが来ますから安心してください、頑張ってください」で終わってしまいます。

　テレビに出ることがゴールではない。テレビに出た後もビジネスは続く。このことをしっかり意識しておいてほしいと思います。

テレビに出ることで見込客リストを手に入れる

　「一発屋タイプ」のグラフの❶のところを見てください。テレビに取り上げられて一度は売上が上がったにもかかわらず、以前の状態に逆戻りするかのように落ちています。

　これは、テレビをきっかけに興味を持ってくれた人を、**ファンやリピーターにするためのしくみができていなかった**、ということなのです。テレビ出演後に、自らがお客様をつなぎとめるために戦略的に動かなければ、テレビの効果はゼロ、と言っても過言ではありません。

　では、戦略的に動くために、必要不可欠なのは何か。それは、**見込客のリストを手に入れることです。**

　あなたが取り上げられたテレビ番組を観た視聴者が、次にどのような行動を取るかを考えてみるとわかりやすいと思います。あなたが店舗を構えていれば、後日、お店に足を運んでくれる人もいるでしょう。気の早い人は、放送中に携帯電話であなたのホームページやブログを検索して、アクセスするでしょう。

いずれにしても、「もっと知りたい！」と思えば、視聴者は何らかの形でアプローチしてきます。テレビは、あなたがまだ見ぬ人、言い換えれば**見込客になり得る人をあなたと引き合わせるのが得意なのです。**

しかし、テレビはその人たちをずっとつなぎとめておくことは、とても苦手です。なので、新規客をファンやリピーターにするのが、あなたの重大な仕事になります。これを怠ると、ビジネスとしての発展はありません。

お客様とつながる「リストを取る」

ファンやリピーターをつくるために必要なのが、**「リストを取る」という考え方です。** あなたがお店やホームページで情報を発信しても、お客様が見てくれるのを待つしかありません。

一方で、見込客のリストがあれば、どうでしょう。新しいイベントをする場合や、新商品の発売、新サービスの提供なども、あなたが必要なタイミングで案内を送ることができます。また、メールアドレスを知っていれば、メールマガジンを発行して、お役立ち情報を提供することができます。

ですから、あなたから**アプローチするためのリスト取り**、これを意識してください。その際、メールアドレスを登録してもらうお礼に、無料オファー（プレゼント）などを用意するのも効果的です（詳細は210ページを参照）。

同時に、お客様がまたあなたと接点を持ちたくなるような、しくみづくりも必要です。

繁盛しているお店の多くは、一度来てくれたお客様をリピーターにするために、あらゆる工夫をしています。例えば、次回の割引券を配ったり、ポイントカードをつくったり、くじ引きやゲーム大会などのイベントを開催したり、インターネット広告を出したり……といった具合です。

お金のかかるものもありますが、お金をかけずに創意工夫でできることもたくさんあります。テレビに取り上げられたことを口コミで広めたり、写真を使って拡散するなどの方法も効果的です。

「出るべき番組」と「出られる番組」は違う！

　次に、24ページのグラフの❷を見てください。テレビに出る前よりも売上が落ちてしまっています。テレビに出たことが、ビジネスの足を引っ張ってしまうケースです。

　なぜ、このようなことが起きてしまうのでしょうか？

　それには、2つの理由があります。

　1つは、テレビに取り上げられた際の内容がよくなかったというものです。ビジネスにつながるかどうかは、「出るべき番組」に出るかどうかで決まります。「出るべき番組」と「出られる番組」は違います。

「出るべき番組」とは、あなたのビジネスの評価を高めてくれる番組です。
ビジネスの飛躍のきっかけになる番組です。

　一方、「出られる番組」とは、コメントや内容に大きな制約・演出がある番組です。また、出演者を愛情なく、お笑いぐさにするような、出やすさを売りにする番組です。決してこれらの番組が悪い、と言っているのではなく、ビジネスには向いていない、ということです。

　ただテレビに出るだけであれば、簡単に出られます。奇抜なことをすれば、取り上げられるのです。しかし、それではいけません。あなたのゴールは、テレビに出ることではありません。売上を上げることであり、ビジネスを成長させることであるはずです。

　もう1つは、今まで応援してくれたファンや、常連客への裏切りです。

　ファンや常連客がなぜ今まで応援してくれたのかを考えずに、急に方針を転換したり、大幅な価格改定などをすると、そうした人たちは嫌気がさして、あなたの前からいなくなってしまいます。

　彼らには、今まであなたのビジネスを支えてきたという自負があり、あなたに対して好意を寄せています。その気持ちを理解せずに、ストレスがかかるような大幅な変更をすれば、「裏切られた」「無礼だ」と感じ、自分の居場所を奪われた思いで、あなたから離れていってしまいます。

その結果、テレビに出る前よりも売上が悪くなる、つまり不幸になる、ということが起こり得るのです。
　あなたは、「一発屋タイプ」になりたいですか？

「成長タイプ」のお店になる！

　では、24ページの右のグラフを見てみましょう。
　こちらも一瞬にして集客でき、売上が上がったところまでは同じです。一時、ピーク時からは多少落ちるのですが、それを一定のところで止めて維持します。
　そして、ビジネスを続けている間に次の取材がやってきて、また売上が上がります。また少し落ちて、また上がる……。それを繰り返して推移しています。つまり、全体的に右肩上がりになっているこのタイプを**「成長タイプ」**と呼びます。しかし成長タイプは、テレビに取り上げられたお店（人）の中で、わずか10％ほどしかありません。

　成長タイプになるためには、一発屋タイプがやらなかったことに取り組む必要があります。**「自分のビジネスに追い風を吹かせてくれるような」**番組に取り上げられることを意識し、テレビを観て来たお客様を**「リピーターにするしくみ」**をつくることです。
　また、**「ファンや常連客への感謝の気持ちや配慮を忘れない」**こと。こうしたことを実行した人が、「成長タイプ」のグラフを描き、テレビを活用したビジネスの成功者になれるのです。２章から、テレビ活用の成功ルールについて、具体的にお伝えしていきます。

「成長タイプ」になるためのテレビ活用は、①リスト取り、②番組の吟味、③ファンへの感謝の３つを意識しましょう。

2章

あなたの商品・サービスをテレビに応援してもらおう

1 そもそもプレスリリースって何ですか?

PRという言葉を、あなたも聞いたことがあると思います。

それで「PRというのはプレスリリースのことですよね?」と聞かれることが多いのですが、PRはプレスリリースとは異なります。

PRというのは、「Public Relations」の略です。パブリックとは「みんなの」、リレーションズは「関係とかつながり」の意味ですね。

なので、直訳するとPRとは、「みんなでつながりましょう」ということ。つまり、情報を与えたり共有することによって、それが波紋のように広がっていく……。その状態をつくるための情報発信を意味しています。

そのPRの手段の1つに、プレスリリースがあります。プレスリリースとは、**「企業などの組織体が、テレビ局や新聞社などの報道関係者(メディア)に、報道してもらうことを目的として作成する文章・企画書」**のことです。もしくはその文章・企画書をメディアに出す一連の流れのことを言ったりもします。ですので、プレスリリースを「作成する」「書く」「する」「かける」といった言い方をします。

プレスリリースの内容が素晴らしければ、あなたの商品やサービスが、テレビで取り上げられることになります。そして、取り上げられれば、あなたに興味を持ったたくさんのお客様とつながり、チャンスが舞い込むことになります。

この章では、なぜ、あなたの商品やサービスを広めるうえでプレスリリースを勧めるのか、具体例を挙げて説明していきましょう。

メディアに取り上げてもらうための文章・企画書。プレスリリースしだいでテレビ局で取り上げられます。

2章　あなたの商品・サービスをテレビに応援してもらおう

「広報」と「広告」の違いはどこにある？

さまざまな種類がある広告……その利点とは？

「広告」と「広報」という言葉がありますが、どう違うのでしょうか。
　簡単に言うと、広告というのは、**お金をかけてテレビや新聞といったメディアに、自社の商品やサービスを販売するために情報を流す方法です。**

　ひとくちに広告と言っても、いろいろな広告があります。
　チラシも広告です。テレビCMも広告です。インターネットの広告なんていうのもあります。Facebook広告、PPC広告、YouTube動画の広告……いろいろあります。電話回線を使ったFAXDMなども広告の1つです。テレビであれば番組のコーナー枠の一部を買い取って宣伝をする、といった方法もあります。

　広告の場合、企業側はスポンサー（広告主）と呼ばれます。スポンサーが広告を出す場合、重視するのは、「費用対効果（コストパフォーマンス）が高いのか」ということです。
　広告を出すのは決して安い金額ではないので、当然のことです。経営会議でも広告の運用方法が議題にあがったり、上場企業であれば、株主から責任を追及されることもあります。

　しかし広告のいいところは、自分たちで内容が決められる点です。
「どういうふうに取り上げてほしいか」「誰に商品を説明してほしいか」。そして流す時間も決められます。取り上げる番組も決められます。どの地域に見てほしいか、これも決められます。

031

広報のほうが広告より3倍効果がある

一方で、**広報は、お金をかけずに情報を流す方法を言います。**なので広報にかかる費用は0円。タダでできるというのが特徴です。

しかし広報の場合は、**内容も、取り上げられ方も、時間も、番組も、何も決めることができません。**すべてテレビ局しだいです。

大事件や大事故が起きて、番組の放送内容が変更になったなどの理由で、取材を受けたのに放送されない……そんなこともままあります。

では、広告と広報、どちらで取り上げられるのがいいと思いますか？

私は、お金が潤沢にかけられるのであれば、広告のほうがいいと思います。広告はあなたが伝えてほしい情報を確実に伝えてくれます。

しかし、テレビを使ってあなたの商品やサービスを宣伝しようと思えば、平均で毎年2000万円程度の費用が必要になります。一般の企業であれば、4〜5人の社員を雇うことができる額です。

もし、そこまでの経費をかけることができないのであれば、テレビを使った広報をお勧めします。

さらに広報では、広告にない効果が期待できます。それは、**「あなたやあなたの商品・サービスの信頼度・信用度が上がる」**ということです。「広告で見た商品」と、「ニュースや情報番組で放送された商品」とでは、ニュースや情報番組で放送されたもののほうが3倍売れるというデータがあります。

つまり、広告と広報で同じ商品・サービスの情報を流した場合、**広報のほうが広告の3倍のお客様を呼び込める、**ということです。

タダでもらえるお墨つきの価値

これはテレビの影響力というものが関係しています。例えば、あなたの友人がテレビで取り上げられたとします。そのとき、あなたは何と言いま

すか？

「すごいね～！」って言いますよね。

それは、テレビが誰でも取り上げられるメディアではない、特別なメディアだということを知っているからです。

　そのテレビから取材されたということは、テレビからお墨つきをもらった、社会から認められた、という称賛と同じ効果があるからです。

だから、「テレビに出たよ！」って言うと、「すごいね！」って返されるんですね。

しかも、そのお墨つきにも大小があります。たくさんの人が観ている時間帯、誰でも知っている番組に取り上げられれば、周囲は尊敬と羨望の眼差しで見るようになるでしょう。

もちろん、CMで放送されたり、お金を払って番組に取り上げてもらっても、お墨つきはもらえます。ただ、お金を払ってお墨つきをもらったのと、タダでもらったのとでは、タダでもらったほうが３倍の価値があるのです。

お金をかけずにメディアに取り上げられる活動が広報です。広報は広告の３倍の効果があります。

なぜ、自分からテレビに売り込まないといけないの？

あのお店がテレビに出ている3つの理由

　前項では、広告と広報の違いについてお伝えしました。
　そういう観点でテレビを観てみると、「あっ、あのお店はお金をかけて宣伝してもらったんだな」とか、「広報（プレスリリース）を頑張っているんだな」というように、今までと少し見方が変わってくるかもしれません。

　情報番組で紹介されるおいしそうなスイーツのお店や行列のできるラーメン屋さん。ニュースで取り上げられている便利な家事グッズや文房具。芸能人が街を散策する番組に登場する温泉旅館や習い事教室……。

　「なぜ、あのお店が取り上げられたの？」
　一度はそんな疑問を持ったこともあるのではないでしょうか。
　実は、あのお店やサービスが取り上げられたのは、次の3つのいずれかの理由からです。

　①広告……お店がお金を払って、番組に取材依頼をした
　②広報……お店がプレスリリースなどで、番組に取材依頼をした
　③リサーチ……テレビ側がお店の存在を見つけて、取材依頼を受けた

リサーチャーの目に留まることもあるが……

　広告と広報のほかに、テレビ側が取材したい情報を見つけてきて、あなたにアポイントを取ってくる、上の③の手法をリサーチと言います。
　そして大都市のテレビ局には、リサーチャーという職種の人がいます。

リサーチャーは、番組をつくるために必要な情報を収集しています。

収集のしかたはさまざまですが、雑誌や書籍を読んだり、ホームページを調べたり、ブログやSNSの書き込みを見てアプローチしてくる、といったケースが多いようです。

以前に番組に出演してくれた人や自治体、商工会議所などに電話をして、「〇〇で有名な人、専門家はいませんか？」などと紹介をもらうこともあるようです。

これを逆から見れば、次のようにも言えます。

雑誌に記事を執筆する、本を出版する、ホームページ、ブログ、SNSに力を入れる、過去の出演者や自治体、商工会議所とネットワークをつくっておく……。

こうしたことをすることでリサーチャーの目に留まり、テレビに取り上げられることもある、ということです。

ただ、テレビ局も経費節減の折、制作費や人件費がカットされています。リサーチャーもその影響を大きく受けていて、以前と比べて人数が大幅に減っています。地方の場合はリサーチャー自体がいないテレビ局もたくさんあります。

なのでやはり、**自分からテレビに売り込むことが必要です。**

もし、あなたがいい商品・サービスを提供しているという自信があるのであれば、自分からテレビに売り込んでください。

いい商品・サービスは、プレスリリースを使ってどんどんメディアに売り込んでいきましょう。

4 テレビって「オワコン」？

いまだにテレビが影響力がある理由

　最近、「テレビってオワコンだよ」という声をよく聞きます。
「オワコンって何？」という人もいるでしょうが、終わっているコンテンツ、つまりテレビなんかもう魅力がないよ、ということですね。
　まあ確かに、電車に乗っていてもスマートフォンでゲームをやっているか、音楽を聞いたり、YouTubeの動画を見たりしている人がほとんどで、テレビを観ている人はいません。

　そう考えると、今、テレビってどうなんでしょう、ということになりますが、ビジネスにつなげるという意味では、**テレビは実は、ずっとチャンスが続いている状況なのです。**

　それはなぜか。現在のテレビの特徴から見てみると、非常にわかりやすいことです。テレビの特徴は次の3つです。

　まず1つ目。テレビは、ほとんどの人が持っています。
　一般世帯のテレビの保有率は97.5％ですから、持っていない人は実に2.5％しかいません。
　2つ目に観ている人の数です。**視聴者が非常に多いメディアなのです。**視聴率について、詳しくは後ほど紹介しますが、**視聴率1％とは全国で120万人が同じときに同じ画面を観ている**ということなので、伝達力が非常に強いメディアなのです。
　3つ目。これは一見、2つ目と相反するかもしれませんが、**観ていない人にも情報が伝わる**メディアだということです。
　「○○さんがテレビに出ていたよ」という話、聞くことはありませんか？　自分がリアルタイムで観ていなくても、そんな話が伝わってくるのです。

録画だったり口コミだったり、SNSだったりで広がっていく、というのがテレビの特徴です。

テレビが狙い目である理由

　また、テレビの現状から考えても、あなたが今、テレビにアプローチをはじめることが非常に効果的だと断言できます。

　その理由の1つ目は、テレビは今、「低コスト化」を図っています。テレビ局はできるだけ芸能人をつかうのをやめて、専門家を重用しようとしています。ギャランティの問題ですね。
　ギャランティをはじめとする制作費を抑えないといけないように、テレビ業界は今、縮小傾向にあります。
　ちなみに、出演者1人を芸能人から専門家（文化人）に変更した場合、人件費をおよそ90％カットすることができます。
　なのでテレビ局は、専門家を探しています。実績があって、さまざまな場面で臨機応変に対応できる専門家を探しています。
　もし、あなたがそのような人材であれば、**あなた自身をプレスリリースで売り込むことによって、テレビ局も興味を持ってくれるはずです。**
　他にも、視聴者参加型の番組や情報提供型の番組が増えていて、**ネタや情報を待っている**、これが今のテレビの実情です。

　2つ目は、テレビの多チャンネル化です。BSやCS、専門番組がどんどん増えています。
　そうなると、深い知識のあるファンやマニアに満足してもらうための番組、**マイノリティにスポットライトを当てる番組も増えている**ので、自分のビジネスにピッタリ合った番組を探し出せば、それだけ取り上げられる可能性は高いですし、あなたを本当に必要としている人のニーズを満たすこともできるのです。

3つ目は、テレビ局が特別な存在であるということです。
　テレビ局というのは、業績が不振になっても、ちょっとやそっとのことでは潰れません。なぜかと言うと、放送法という法律で守られた免許事業者だからです。
　国は一度免許を与えた以上、簡単に潰すことはできません。そのためバックアップもしっかりしています。逆に言えば、BSやCSのチャンネルは増えても、地上波に関しては国が今後、免許を与え新規参入を認めるということは非常に考えにくいということです。

知っている人だけが成果を出している

　そう考えると、テレビ各局の放送は厳格なルールで運用されているので、ルールを変えるのは、非常に大変だということです。
　テレビは新しいものを取り入れるメディアというイメージが強いと思いますが、考え方とか、行動指針とか、ルールは、昔からのものを踏襲する傾向が強いのです。

　これは、プレスリリースについても例外ではありません。この30年40年、何も変わっていません。
　ある先輩記者は、「間もなく東京で2回目のオリンピックが開催されるが、プレスリリースのやり方は1回目の1964年の東京オリンピックの頃から何も変わっていないな」と話していました。

　PRの方法は、そのメーカーのツールやルールが変われば、すぐに使えなくなってしまうのが普通です。**しかしプレスリリースは、正しいやり方、使い方を身につけてしまえば、ずっと使っていくことが可能なのです。**
　だから、その「正しいやり方、使い方」を教えられたという恩恵を受けた人が誰も知らないところで使い続けて、どんどん成果を出している。これがプレスリリースの現状なのです。

それでも地域的に見れば、東京・大阪・名古屋といったところでは、PRコンサルタントという業種の人が「プレスリリースの書き方セミナー」などを開催していて、やり方を知っている人もいます。

　しかし、それでもテレビやメディアの数を考えれば、ごく少数です。

　一方、地方では、ほとんどプレスリリースを活用した**メディア戦略を行なっている人はいない**ので、今から学んで行動すれば、すぐに結果につながります。

プレスリリースは一度正しい方法を身につければ、ずっと使っていくことが可能です。

投資0円で宝くじを当てる！
それがプレスリリース

1回のCM放送で費用は数千万円

　突然ですが、質問です。

　毎晩放送されている全国放送のニュース番組で、CMを5分間流すとしたら、いくらかかるか、ご存じでしょうか？

　答えは、およそ1800万円です。もちろん視聴率や時季的なものなど、条件によって金額は上下しますが、いずれにしても相当な高額です。

　視聴率15％の番組が放送されている時間帯に、15秒のCMを1回流す場合は、およそ150万円。1秒あたり10万円です。

　しかもこれらの金額は、あくまで放送するために、電波を使う権利の金額です。言い換えれば、CMを流す「時間を買った」だけです。

　この枠も、通常1回限定で買うことはできません。「視聴率合計で○○％分」や「同じ番組のスポンサーを6カ月分」などの契約を結んで、広告代理店を通じて放送時間を購入することになります。

　これ以外にCMを制作するための費用がかかります。芸能人に出てもらったらギャランティも払わないといけません。誰もが知っている有名な女優さんであれば、出演料は1本5000万円程度になりますし、車のCMなどでよく見る空撮やスタント、CGなどを使えば、億単位の費用がかかります。

　すると、どんなに制作費を抑えたとしても、1回CMを流せば、数千万円単位での費用がかかることになるのです。

　では、CMを流している企業は、なぜそれほどの大金を払ってまで宣伝するのかと言えば、費用対効果を見込んで、回収までの計算を立てているからです。広告代理店が持っているマーケティングデータを使って、販売

促進につながるプロモーションをしているのです。

なぜプレスリリースの価値がわからないのか

　一方、プレスリリースを自分で書いて、ニュースや情報番組で取り上げられれば、5分程度放送されることは普通にあります。前にも書きましたが、広報の場合、広告の3倍の効果がありますから、この場合の金銭的価値はおよそ5400万円となります。

　にもかかわらず、実際の売上や集客につながらない、という人が非常に多いのです。

　それはなぜかと言うと、「タダで手に入ってしまう」というところにその理由があります。本来であれば、数千万円払って放送してもらうものを、投資0円で取り上げてもらえるのです。これはいわば、いきなり宝くじが当たるようなものです！　なのに、そんな貴重なものであるという認識がないのです。

　そのチャンスをものにするか、何もしないで終わらせるかは、あなたしだいです。もし、あなたが売上や集客につなげるためにチャンスをものにしたいのであれば、あなたが書くプレスリリースが、**数千万円単位の価値があるということを自覚して、プレスリリースの作成に取り組むことです。**

　どうしても仕事などで忙しくなると、広報活動というのは優先順位が低くなりがちです。しかし、実際にテレビに取り上げられれば、数千万円を投資したのと同様の結果をもたらしてくれるのです。

　ぜひ優先順位を下げることなく、計画的にプレスリリースを作成してほしいと思います。

数千万円かかる宣伝をタダでしてもらえるのが、プレスリリースです。

視聴率1％で120万人があなたを観ている！

視聴者の数を計算すると

　ちょっとここで、視聴者数について補足しておきたいと思います。

　視聴率というのは、どれくらいの人がその番組を観ているかを表わすときに使います。では視聴率1％あたり何人が観ているのか、と言えば、前述したように全国放送の場合、およそ120万人が観ているのです。

　どうでしょう。例えばメールマガジンで、今、日本で1番売れている人でも、120万リスト持っている人って、いないのではないでしょうか。しかもテレビの視聴率は実際に観ている人の数ですから、メールマガジンで言えば、「開封率100％」ということになります。

　次に、例えば「関東ローカル」というものがあります。関東地方でのみ流れている番組ですね。この場合は、視聴率1％あたり40万6000人、「関西ローカル」は19万人、「東海ローカル」は10万人です。

　この数字と視聴率を掛け算すれば、その地域で、リアルタイムでその番組を観ている人の数がわかることになります。視聴率については、インターネットの検索エンジンで、「番組名　視聴率」などと入力すれば調べることができます。

ビジネスのターゲットに照準を合わせる

　よく、テレビ番組は「視聴率が悪いと打ち切りになる」と言われます。例えばフジテレビであれば、「めちゃイケ」という番組があります。

　インターネット上では視聴率の問題で打ち切りになるのでは？　という情報が飛び交っていますが、「めちゃイケ」であっても平均視聴率は8〜9％あります。ということは、全国で1000万人を超える人が観ています。

1000万人が観ていても打ち切りになってしまうかもしれない、非常に厳しい世界。それがテレビです。とくにゴールデンタイム（19〜22時）はそれだけ多くの視聴者が観ることを、スポンサーから望まれているということになります。

もちろん、あなたの場合は、**「どの番組に出るか」ということが非常に大事になってきます。**その番組の視聴者と、自分の商品やサービスを提供する顧客層が一致していれば効果的ですが、そうでなければビジネスにはつながりません。

ですから、ただ、視聴率が高い番組に取り上げられればいい、というわけでもありません。**どんな番組に出るのか、ということを考えないといけません。**

またフジテレビの例を挙げます。「月9」というドラマを放送している枠（毎週月曜日の午後9時から10時の時間帯）があります。

この時間帯のドラマは、20代の女性をターゲットにした番組づくりをしているので、あなたの商品・サービスが20代後半の女性向けのものであれば、この時間帯の番組にCMを出すメリットがありますし、あなたのお店を撮影場所として提供して、「うちのお店でドラマ撮影しました」とアピールすれば、お客様は一気に増えるでしょう。

しかし、40代50代のサラリーマン向けのビジネスをしている人が、月9の枠で取り上げられたとしても、ビジネスにはつながらないのです。視聴者数は減りますが、むしろ23時以降のニュース番組で取り上げられたほうが、売上や集客につながる可能性が大きいのです。

そう考えると、視聴率や視聴者数も大事ですが、来てほしいお客様が観ている番組なのか、というのも大切なポイントです。

視聴率だけでなく、顧客ターゲットに合った番組に取り上げてもらうように意識しましょう。

7 広報計画を立てよう

広告を出さないスターバックスの広報

　広報計画について書く前に、ちょっとブレイクを。
　スターバックスコーヒーの話をさせてください。誰もが知っているスターバックスコーヒーは、CMを出していません。
　なぜかと言うと、例えば、
「駅の近くで喫茶店に行くなら、スターバックスコーヒー」
「Wi-Fiを使いたいなら、スターバックスコーヒー」
「電源を使いたいなら、スターバックスコーヒー」
「禁煙でコーヒーを楽しみたいなら、スターバックスコーヒー」
「気取らず商談をしたいなら、スターバックスコーヒー」
　というように、イメージづくりがしっかりできているからです。
　なので、CMを出さなくてもほとんどのお店がいつも満席です。リピーターもたくさんいます。

　ただ一方で、スターバックスコーヒーが広報もやっていないのか、と言ったら違います。むしろ広報には力を入れているのです。
　例えば、鳥取県にスターバックスコーヒーができたときは、テレビや新聞がこぞって取り上げました。「日本の47都道府県全部にスターバックスコーヒーができましたよ」ということで鳥取県知事までテレビに出演するなど、盛大に取り上げられています。
　もちろんこのとき、マスコミ各社宛にプレスリリースが出されています。
　知事まで巻き込んでしまうわけですから、スターバックスコーヒーは、広報を上手に使っている会社だと言うことができます。

お金の代わりに何で補うか

　世界のトヨタ自動車は、CMで大々的に自動車を紹介しているイメージが強いですが、もちろんプレスリリースも定期的に発行しています。

　トヨタ自動車が新聞だけで広報をどれだけやっているのかを示すデータがあります。

　全国紙5紙（朝日・読売・毎日・産経・日経）に掲載された記事を広告換算すると、宣伝効果がどのくらいあるのかという調査結果です。

　少し古いデータになりますが、2008年度は26億640万円、2009年度は24億3226万円です。いずれにしてもトヨタ自動車は、全国紙だけで毎年25億円程度の広報をしている、ということになります。

　そう考えると、あのトヨタ自動車でさえ広報をしっかりやっているのですから、広告にお金をかけられない中小企業やフリーランス、小さなお店の経営者が、広報をやらない理由はありません。

　広報に関しては、**マスコミを使ってレバレッジをかけるという考え方を持ってください。**自分が今かけられるもの、かけられないものをしっかり把握したうえで、そこをうまく利用することです。お金をかけられるのであれば、広告を出すことを考えるのもいいでしょう。お金をかけられないのなら、広報で補いましょう。その分、手間と時間をかけることです。

　地道に一人ひとり、草の根で会って宣伝すれば、売上アップや集客もできるかもしれません。でも、それを**短期間で効率的に達成したいのであれば、広報を使いましょう。**

　人脈がほしい、でも今はない……そういったときにテレビに出ることで「多くの人に知ってもらう」「協力を仰ぐ」「ファンをつくる」ために広報するという方法もあります。

　もしかしたら今、自分のスキルが足りていない……。そんな場合には、「スキルを補う」「協力を仰ぐ」ために広報をするという方法もあります。

　言い換えれば、足りないものを、テレビをはじめとするメディアで補う

ということを真剣に考えることが大事なのです。

　そして、マスコミの取材を受けたら、その後どうなりたいのか、これを明確にしてください。

　取材を受けた後に、どういうふうにあなた自身がステップアップしていきたいのか。テレビに出ることによって、人生は間違いなく大きく変わります。会社も大きく変わります。そうしたときにどうなっていたいのか、ということです。

　そのためにどういうことを準備しておかなくてはいけないのか、をしっかり考えてください。

広報計画を立てて活動を進めよう

　１章で、「テレビ活用で90％の人が失敗している」とお伝えしました。

　この失敗した人のほぼ全員が、取材を受けた後のしくみづくり、つまり、「見込客として来た人をリピーター・ファンにする」というしくみづくりができていなかったと言えるので、そこをしっかり準備しておく必要があります。

　テレビ取材を通じて、上昇気流に乗って仕事を続けるために必要なのがプレスリリースです。プレスリリースのゴールは、集客に困らないしくみをつくって、それらを機能させること、そのために広報計画を立ててください。

　次に、広報計画を立てるときに必要な５つのポイントを挙げておきます。箇条書きで書いてみましょう。

[広報計画を立てるときに必要な５つのポイント]
①あなたが広報することで得たい、もっとも大きな目的は何ですか？
　（例：売上を上げたい、ラクに集客したい、よい人材を採用したい、ブランディング、その他）
②あなたが今回の広報で得たい、結果は何ですか？
　（例：売上を200％にしたい、顧客リストを100人増やしたい　など）

③その結果はいつまでに必要ですか？
④あなたが今回、広報したい内容は何ですか？
（例：新商品の発売、新店オープン、サービスの告知、イベントの集客など）
⑤あなたのビジネスのターゲットは誰ですか？
（○○歳台の男性・女性、何を必要としている人か、何に不安・不満がある人か　など）

　この５つのポイントを書いたら、広報計画を立てていきます。広報計画は単なる広報のスケジュールではありません。売上や集客など、実際にあなたのビジネスにつなげるための計画なので、**営業計画・経営計画・売上目標といったものとリンクさせる必要があります。**

　またこの先、この広報計画をチェックしながら、あなたの広報・プレスリリースを進めていくことになります。長期的に継続するためには、できれば３カ月ごと、少なくても６カ月ごとに計画を立てる、もしくは見直すことをお勧めします。
　そして、計画を達成するのにもっとも大事なのは、準備期間をしっかり取ることです。
　テレビなどのメディアは、取材することが決まれば、放送まであっという間に終わってしまいます。取材が決まってから準備しようと思っても日程的にむずかしく、効果を活かせずに終わってしまいます。
　ぜひ、すぐに準備をはじめてください。具体的にどのような準備が必要かについては、次の３章でお伝えします。

【メディア活用のステップアップイメージ】

							Step 4. Next Stage
							複数 メディア 出演
				Step 3. ジャック			
					二次 利用		
			Step 2. 露出	ラジオ	テレビ		売上・集客 ブラン ディング 知名度 アップ
			記者 クラブ	新聞	雑誌		
		Web メディア	メディア アポ	取材 準備	人脈 構築		
	Step 1. 準備						オファーが 勝手に やって来る
	コンセ プト	メディア 選定	メディア 訪問	インタ ビュー 能力	実績 売り		
準備	リリース 基礎	魅せ方	リリース 応用	取材後 対応	ビジネス 拡大		
1カ月目	2カ月目	3カ月目	4カ月目	5カ月目	6カ月目	7～12カ月目	

広報計画を立てて活動しましょう。立てた計画は活動状況に応じて定期的に見直しましょう。

3章

プレスリリースを作成する前に知っておきたい5つのこと

マスメディアを知る①
テレビ局の実情

　ここまで読まれたあなたは、もう「プレスリリースを書きたい！」という気持ちになっているかもしれません。しかし、少しだけ待ってください。焦りは禁物です。

　この章では、マスコミの特徴やあなた自身の魅せ方など、プレスリリースをつくる前に知っておきたい5つのことをお伝えしていきます。

[プレスリリースを作成する前に知っておきたい5つのこと]
　①マスメディアを知る
　②自分の商品・サービスを知る
　③ターゲット（自分の顧客層）を知る
　④自分の魅力を知る
　⑤流行・常識を知る

　まずは、①のマスメディアについて、お話ししていきましょう。

社会部記者の感性の磨き方

　テレビと言うと、こんなイメージはありませんか？　「秘密の花園」。そんなきれいなものではないですが、なかなかテレビの内部の話を伝え聞く機会って、ないですよね。

　それはなぜかと言うと、テレビ業界は権利だったり、秘密だったり、守秘義務だったり、そういうものをたくさん扱っているので、内部の人間が外部に対して情報をペラペラ話すというようなことはしないからです。

　なので、私のような辞めた人間がペラペラ話すと、「え〜！」ということになりかねませんが、私も、ただ単にテレビの内側をペラペラ話すということではなく、あなたの役に立つ話をしていきます。少しだけ、私の話

をさせてください。

　私は、福島テレビ株式会社というフジテレビ系列のテレビ局に入社して、まず最初に報道部に配属になりました。
　そして社会部の記者として主に事件・事故を追いかけていました。警察担当ということで、「夜討ち・朝駆け」もしました。
　事件が起きると、特ダネやスクープを取ることが記者にとって、あるいはテレビ局にとって、非常に大事なことになります。そこに命を賭けるわけなんですね。
「警察は今どんな捜査をしているのか」「容疑者をいつ逮捕するのか」、そうした情報を他の会社の記者よりも先に入手しなければいけません。しかし、警察もやはり守秘義務の世界。捜査情報をペラペラと外部に話すわけにはいきません。
　そこで私たちは、警察官が仕事を終えたところに待ち伏せをしたり（夜討ち）、出勤前に家から出てくるところを待ちかまえたり（朝駆け）します。警察官に自分たちが取材した情報をぶつけて、反応を確かめたりするのです。

　もちろん、警察官も百戦錬磨。とくに新人には簡単に情報を話してくれたりしません。では、ここで大事なのは何かと言うと、「いつもと違う」ということを感じ取ることなのです。
　例えば、通常であれば、この人は午後5時にはこの席に座っているのに、今日は席にいない。ということは、この人が動くようなこと、つまり何か事件が起きているんじゃないか、ということをつかむのです。
　他に、決まった人に毎日毎日、同じ質問をぶつけたりもします。そのときの表情や言葉を記憶しておくのです。いつもは、「そんなわけないよ」「違うよ」「言えない言えない」と言っていたのが、ある日いきなり、「来るな！」と声を荒げたら、何か変化があったとわかりますよね。そんなふうに感性を磨いていきました。
　こうして学んだことを、このような形でお伝えすることになるとは、思

いもしませんでした。

テレビは何を求めているのか

　あとは台風中継ですね。台風中継って不思議ですよね。
　アナウンサーやリポーターが、「河川敷とか海辺とか、危険なところには行かないでください」と言いながら、本人はなぜ、川とか海の近くでリポートするんでしょうか。
　あれは、事前に安全な場所を調べて放送しているのですが、台風中継は私の鉄板ネタのひとつでした。私が「あぁ、今にも飛ばされそうです」と言うと、今回の台風は強いんだなということで、なぜかウケる……（災害なので、ウケを狙ってはいけないのですが）。

　地方局は人が少ないので、スクランブル稼働です。土日は当番制で取材カメラを回したりもしていました。
　街中で縁日の取材をしていたら、雪山で遭難事故があったとの連絡。コートも着ずにスーツで山に向かい、9時間カメラを回し続けて凍傷になりかけたこともありました。
　マサイ族がジャンプする様子を、追いかけて回って取材したこともありました。
　20分とか25分の番組を自分で構成して、1週間、「私の沖縄旅行」という番組をやっていたこともあります。私が浮き輪をつけて海で泳いだり、三線を弾いたり、沖縄料理のグルメリポートをしたり。誰が見たかったのか今考えても疑問ですが、親孝行にはなりました。
　テレビに映る私の姿を見て、親がとても喜んでくれました。

　テレビ局では、本当にたくさんの経験をさせてもらいました。なので、テレビが何を求めているのか、何を落としどころに取材をしているのかが、とてもよくわかります。
　テレビは何を求めているのか。ざっくり言えば、新しい情報を求めてい

ます。絵として効果的な情報、つまり視聴者が喜んでくれる情報を求めています。

ただ一方で、その情報やネタを、記者がすべて自分で取ってくるのは、結構むずかしいものです。その日の放送につながる取材も、継続取材もしなくてはいけないので、多忙です。

事件が起きれば、ラクというと語弊があるかもしれませんが、気持ち的にはラクです。事件の取材だけに専念してればいいからです。睡眠時間が１時間や２時間しかなかったり、肉体的なつらさはありますが、事件に集中できるので、精神的にはラクなんです。

むしろ何にもないときに、新しい情報を見つけて来ないといけないのが大変なんですね。そういうときにしっかりネタを見つけてきて、放送につなげられる人間が、記者として評価されるのです。

なので、**テレビマン全員がネタをほしがっています。**求めています。ただし、いいネタです。視聴者が納得してくれるネタです。それを提供してあげることで、あなたがテレビから感謝され、あなたの商品やサービスが広がっていくことにつながるのです。

テレビマンも、あなたから情報（ネタ）を提供されることを待ち望んでいます。

2 マスメディアを知る②
テレビ・新聞・ラジオ・雑誌の違い

4大メディアを比較する

　少しだけ、テレビ業界の内情をお伝えしました。テレビマンも情報を手に入れるのに、悩み、苦しんでいるのです。ということは、どのメディアに関わる人間も状況は同じです。

　テレビをはじめとする新聞・ラジオ・雑誌などの旧媒体と呼ばれるもの。そして、ポータルサイトやブログ、SNS、動画、携帯アプリといった新媒体と呼ばれるもの。たくさんのメディアがあるので、情報を入手したいと思えば、簡単に手に入るのが今の世の中です。

　一方で、情報を提供するメディア側は、それぞれのメディアの特徴を活かしつつ、試行錯誤しながら情報を提供し続けています。とくに旧媒体は4大メディアと呼ばれ、プライドと影響力は健在です。

　ここでは4大メディアの中で、テレビを除く新聞、ラジオ、雑誌の特徴について、テレビと比較しながら説明していきましょう。

（1）メディア自体の特徴で比較する
①「紙」か「映像」か

　まず新聞、雑誌は紙媒体です。テレビは映像媒体ですね。

　ということは、新聞は文章、雑誌だったら写真の完成度を重視します。ではテレビは、というと映像と音声ですね。ラジオは音声媒体ですから当然ながら音を重視します。

　テレビは、文章で書ける情報がいくらあったとしても、決定的瞬間を映像に収められなければ取り上げられません。逆に新聞は、映像があってもそれが何を表わしているのか、文章で説明できなければ取り上げられない、ということになります。

②「すぐに」伝わるか、「じわじわ」伝わるか

　次に伝達力という点に関しては、テレビやラジオはすごく速いです。速いということは、すぐに伝わるということですが、一方ですぐに忘れられるということでもあります。

　新聞や雑誌は、テレビやラジオに比べて伝達速度は遅いですが、じわじわと広がっていきます。中華料理屋さんに入ったら雑誌が置いてあって、表紙にタレが染みついてパリパリになっているのを開いてみたら５年前の雑誌。それでも保存できるので、手に取ってもらえます。

　そして写真が載っているので、お店に置かれることによって宣伝効果が生まれる、ということになりますね。

　ですから、持続力をもって伝えたいものは新聞や雑誌といった紙媒体が効果的ですし、勢いで一瞬にしてワーッと大勢に伝えたいものは、テレビを使ったほうがいいということです。

　テレビを活用する場合も、テレビでは不十分な「持続性」を補うためには雑誌や新聞といったメディアを併用して広報することが重要です。

【４大メディアの特徴】

メディア	保存方法	伝達力	持続力
新聞・雑誌	紙面・文章・写真	遅い	強い
テレビ・ラジオ	映像・音声	速い	弱い

（２）番組・記事のつくり方で比較する
①チームプレーか単独か

「番組」と「紙面」のつくり方にも違いがあります。

　テレビは基本的に複数の人間で動きます。取材者（記者）、リポーター、カメラマン、アシスタントといったチームで動きます。

　ですから、そのチームがつくれない場合は、取材に行けません。例えば、特定の日に取材が重なると、行けるのは１件だけです。その場合は、他に取材したいものがあったとしても、あきらめざるを得ないことになります。

一方で新聞は、記者が単独で動いて取材して原稿にまとめます。なので小回りが利きます。取材が集中したとしても、1件あたりの取材時間を短縮したり、後ほど主催者に状況を確認して取材することで、紙面に掲載する原稿を作成することができます。多い場合、1日に10本以上の原稿を書くこともあります。

②テレビ・ラジオには生放送がある
　テレビやラジオの場合は、生放送というのがあります。生放送は編集できないので、発言や態度・表情といった映り方も気にしなくてはいけません。そこも注意が必要です。
　生放送に限らず、演出上、ワイプ（VTRが流れているときに、出演者がどのような表情で見ているのかを映している映像。バラエティや情報番組で多用される）などを使うこともあります。このワイプは画像だけでなく、音声も拾っていることもあるので、コメンテーター等でテレビに取り上げられたいと考えている人は、注意が必要です。
　ラジオの場合は、無音状態が5秒以上続くと放送事故になってしまうので、次の発言を考えているときなども注意が必要です。

【新聞の種類と特徴】

種類	掲載枠	記者の特徴	得意なネタ
全国紙	小 ↑↓ 大	異動（平均3年スパン）がある　地元との交流より中央の動向を重視	一般的なもの　全国に波及するもの
産業経済紙		地域限定採用もある　自分の守備範囲外はまったく興味を示さない	経営者・数字ネタ
ブロック紙		一定の地域内で担務を替えながら出世する　都道府県より地区地域	地域特産のもの
地方紙		同地区内で出世する　郷土愛に溢れる　出戻りあり　仕事量は膨大	地元「ハツ」（初・発）に弱い

(3)新聞・ラジオ・雑誌の特徴
①新聞の特徴

　ひとくちに新聞と言っても、いろいろな新聞があります。全国紙、産業経済紙、ブロック紙、地方紙とあります。

　全国紙は当然、読者数が多いですが、取材するネタは全国規模のものでないとなかなか取り上げられません。全国紙にも地方版がありますが、地方紙よりも紙面の枠が小さいので、ネタとして取り扱ってもらえる枠も小さくなります。

　また、全国紙の記者は3年ごとなどで転勤になってしまうので、そのつど新しい人脈をつくっていかなければならないという難点があります。

　地方紙の場合は、所定のエリア内での異動を繰り返し、出世していくのが一般的です。なので一度関係が構築できれば、その後もずっと友好的な関係を続けることも可能です。

　仮に20代の記者と取材がきっかけで仲よくなり、定期的に連絡を取り合える関係になれば、向こう数十年の応援者ができた、と言っても過言ではありません。

②ラジオの特徴

　ラジオの場合は、**コアなファンがつく可能性が大いにあります。**リスナーとパーソナリティという関係は非常に強いので、その番組に紹介されたとなると、その後、拡散していく可能性が非常に高いのです。

　ラジオの場合は音声だけで放送できるので、情報としては手軽である一方、パーソナリティやアナウンサーの力量が問われます。

　またラジオは、日中の時間帯であっても、普段他のメディアを利用することの少ない社会人男性に情報を伝えることが可能です。「〜しながら」利用する人が多いので、気軽に聞いてもらえるという特徴があります。

③雑誌の特徴

　雑誌が他のメディアと比べて優れている点は、ずっと店舗に置いておけることです。書籍の棚に付箋を貼って置いておけば、**長期間にわたって情**

報提供をすることが可能です。取材された記事データは、カラー写真で残るので、見た人の印象にも残ります。

また雑誌社には、他のメディアと異なり、あなたの情報をリサーチしてくれる人（リサーチャー）がたくさんいます。

リサーチャーはあなたのブログやホームページを検索して、自分たちの雑誌の購読層に合っていておもしろい記事であれば、目に留めてくれて、取材を依頼してくることがあります。ですから、雑誌に取り上げられたい人は、ブログを定期的に更新することをお勧めします。

また、プレスリリースを出すときに、読者プレゼントなどをつけることができるのも雑誌の特徴です。これは他のメディアではなかなかむずかしいことです。

テレビは「ビジネス向き」の媒体だ！

これまで4大メディアについて、それぞれの特徴をお話ししてきましたが、中でもやはりビジネスに向いているのは、テレビです。テレビは「ビジネス向きの媒体」と言うことができます。

その理由は、次の3つです。

①旬を味方につけやすい

1つ目は、「旬を味方につけやすい」ということがあります。

テレビ制作の現場がネタに本当に困ったときに何に頼るかというと、「今日は何の日」です。「何月何日は〇〇記念日」とか、「〇〇さんが生まれた日」とか、そういったものに頼ったりするんです。なぜかと言うと、「この日だからこの情報を放送する」という理由づけができるからです。

テレビマンは、「ネタがないから、しかたなくこのニュースを放送しました」なんて、口が裂けても言えません。なぜこの情報を流したのか、この情報には視聴者に対してどんなメッセージが込められているのか、それを明確にしないといけないのです。

つまり、その時季が旬であるものは、取り上げる理由も当然あるので、

すぐに取り上げてもらいやすい、ということです。

また、「旬ではないのにブームが起きているもの」や「意外なできごと」。これを私は「逆旬」と呼んでいますが、例えば、季節外れの大雪とか、そういったものですね。**この逆旬も貴重な情報になります。**

②瞬発力・拡散力がある

2つ目には、「瞬発力・拡散力がある」ことです。テレビの特徴は2章でも述べたように、すぐに広まることです。

全国放送であれば、1％あたり120万人の視聴者がいて、さらに録画等で観ている人もいます。また直接観ていなくても、周りの人が「観たよ！」と言って、広めてくれることもあります。しかも、そのスピードが非常に速いのです。

③伝わる年齢層・エリアが広い

そして3つ目は、「伝わる年齢層やエリアが広い」ことです。つまり幅広い層の人に観てもらえるということがあります。

インターネットも瞬発力・拡散力はありますが、どうしても伝わる年齢層や属性は限定されます。

さらにその年齢層やエリアに合わせるという意味で、演出のバリエーションが豊富です。1つのものごとでも、その取材でどんな映像を押さえるかによって、ネタのつくり方がいろいろあります。

同じテレビというメディアでも、取材に来た記者が100人いたら、100通りの取り上げ方があるのです。

それがテレビのおもしろいところですし、あなたがテレビに出る場合には、例えば「わかりやすい」とか、「人柄でアピールする」なんていう特徴の出し方にもつながってくると思います。

まずはテレビを知ることからはじめましょう。番組の特徴がわかると、アプローチしやすくなります。

マスメディアを知る③
テレビの中でも違いがある

「キー局」と「系列局」

　テレビ局というと、全国放送をしている「キー局」のイメージが強いかもしれません。日本テレビ・テレビ朝日・TBSテレビ・フジテレビ・テレビ東京といったキー局は、番組を制作して、全国の系列局に情報を発信しています。

　一方で「ローカル局」と呼ばれる系列局は、キー局が制作している番組を流すほか、地方オリジナルの番組を制作して放送しています。また地元企業のCMを流したり、イベントの企画や後援をしたりしています。

　テレビ局の経営は広告収入の減少などもあって、以前と比べると決してラクではありません。しかし、BS、CSなどの多チャンネル化や、インターネットの普及が進む中、地域貢献、生活支援という観点から、**系列局の存在がクローズアップされています。**

　系列局とは、こんなところです。

①何でも任される、やらせてもらえる

　私自身が系列局で社員を経験して思ったのは、率直に「人が足りない」ということです。つまり、何足もわらじをはかされるんです。だから、やりたいことできるし、やりたいと言った人のやる気を尊重して、仕事を任せてもらえる風土があります。

　そういう意味では、積極的に**チャレンジしようとする人にあなたが情報提供することができれば、取り上げてもらえる確率も高くなります。**

②地元愛に溢れる人が多い

　系列局の社員は、地元愛が強い人が多いですね。私もそうでしたが、もともと地元で育って、テレビを通じて地元をよくしたいと思っている人が

多いのです。なので、あなたが、「私も地元が好きです。一緒に地元を元気にしていきたいんですよ！」という提案をすれば、親身になって話を聞いてくれ、力を貸してくれる人が多くいます。

③人と時間に制限がある

ただ難点もあります。仕事量の割に人が少ないので、時間に制限があるということです。取り上げたい情報がたくさんあっても、すべてを取り上げることはできません。

また、1日の中でも、自社で放送・制作できる番組の枠に制限があります。報道の場合、多くの系列局は、お昼と夕方、そして夜のバラエティ番組やドラマの合間の時間に設けられたニュース番組でしか、情報を取り上げることができません。

テレビに取り上げられるためのノウハウ

普段、何気なく観ているテレビ番組も、実は台本があって綿密につくり込まれています。ただ、この台本は制作者の好みや伝統を受け継ぐという形で、番組ごとに「テンプレート」、つまり決まったパターンがあります。

そのため、あのテレビ局のニュース番組は経済ネタを扱うことが多いとか、女子アナウンサーに現場リポートをさせるとか、特徴があるのです。テレビ局ごと、番組ごとのつくり方があるので、自分が出たい番組については、実際に観て、その特性を知ってアプローチをする必要があります。

ニュース番組・情報番組であれば、まずは1週間分を録画して、どんな情報を誰が取り上げているのかを分析してみましょう。そして項目を書き出してみて、**自分の情報であればどんな形で取り上げられる可能性があるのかをイメージすることを強く勧めます。**

テレビの制作者をディレクターやプロデューサーと言いますが、彼らは職人です。自分の作品に一切の妥協はしません。そのため個性が強く、好き嫌いの癖があり、作品や扱うテーマが好きな分野に偏る傾向があります。

逆に言えば、好き嫌いやクセは、番組を観れば見抜くことは容易です。「このバラエティ番組はこういった企画ばかりやっているよね」とか、「こういったネタばかり追いかけているね」というのは、そのディレクターとかプロデューサーがそのジャンルが好きなんですね。

　なので、あなたの情報が取り上げられる確率を高めるためにも、**制作側の好みがあなたの伝えたいこととマッチしているか見極めてください。**

制作会社も有力な情報提供先

　番組をつくると言っても、100％自社内でつくっているわけではありません。中には、制作会社が入っているケースが多々あります。

　制作会社は、テレビ局の指示のもとに番組の企画を練り、取材・ロケ・撮影したものを編集して、テレビ局に納品する仕事を請け負っています。その意味では、制作会社もプレスリリースの情報提供先の１つであり、あなたからの情報提供を心待ちにしています。制作会社が現在置かれている状況も、楽観視できるものではないからです。

　制作会社は、テレビ局の評価がすべてです。いつも戦々恐々としています。すぐに業績を出さなかったら、もしくはテレビ局の意に沿わなかったら、仕事を打ち切られてしまいます。

　では、その評価はどこで決まるのかと言うと、１つは数です。どれだけの制作本数を、短い日数でつくれるかという部分です。

　もう１つはクオリティですね。よくアシスタントディレクターがテレビ局のフロアで横になって寝ている、といった話を聞きますが、そのほとんどが制作会社の社員です。

　つまり、激務の中で量と質の両方を追い続けなければならない制作会社にとって、あなたからの情報提供はとても貴重でありがたいものなのです。

まずはテレビを知ることからはじめましょう。番組の特徴がわかると、アプローチしやすくなります。

マスメディアを知る④
つくり手のココロの中を透視する

テレビマンは「真っ向から反発する存在だ」

　先ほど、テレビマンは職人気質でこだわりが強い、という話をしましたが、そのテレビマンがどのようなことを考えているのか、という「テレビマンの深層心理」についてお伝えしましょう。

　あなたが情報を提供する可能性の高い、報道・情報・バラエティなどの、番組の制作に関わる記者やプロデューサー・ディレクターといったテレビマンの心の中を読む、というテーマで書いていきます。

　最初に結論です。番組に関わるテレビマンは、正直、あなたの会社の売上が上がろうが、商品が売れようが、関係ありませんし、興味がありません。

　とくに記者は、社会に貢献する情報を伝えられるかどうか、それが拠りどころになっています。自分たちは世の中の役に立つことを伝える代弁者であると考えています。

　なので、商売として売上を上げたいという人は、CM担当、営業の部署にお金を払って広告を出稿してもらえばいいと考えているのです。

　あくまで、どう世の中の役に立てるか、世の中にどんな貢献ができるか、そこに自分がどれだけ切り込めるか……これが記者の「正義感」なのです。

　テレビマンはあなたの「売りたい！」と思う気持ちに対しては応えてくれません。むしろ**真っ向から反発する存在だ**、ということを覚えておいてください。これが、プレスリリースを書く際に重要なポイントになります。

「新たな情報を取ることに時間が割けない」記者の本音

　でも本当は、情報やネタを探すのがテレビマンの仕事じゃないの？　そ

うおっしゃる方もいるかもしれません。それができるかどうか、まずはこのスケジュールを見てください。

　以下が、私の報道記者時代の1日をまとめたものです。
　午前5時半。新聞配達員のバイクの音で目が覚めます。他の新聞に事件や事故の情報が抜かれてないか、特ダネ（スクープ）が掲載されていないかどうかをチェックするのが、習性として身についているためです（自分の知らない情報が記事になっていれば、罵倒されます）。
　朝7時には、自分の担当エリアの警察署・消防署に警戒電話をします。「夜の間に事件や事故の発生はありませんでしたか？」と確認するのです。そして出社前に警察署に回って、朝の挨拶と情報収集、いつもと変わりがないことを確認します。
　あとは、取材をしながら電話、電話。移動中の車内で原稿を書いて、というのが1日中続きます。
　お昼もとれるときと、とれないときがあります。夕方のニュースが終わるまで緊張状態が続き、やっとホッとできるのは、午後7時くらいです。
　そこから今朝の新聞記事をスクラップしたり、裁判の資料を整えたり、企画のVTRを確認したりと、深夜まで続くので、「新たな情報を取ることに時間が割けない」のが正直なところです。

　なので、とにかく情報というのがほしいんです。しかも伝える価値がある情報。熱量のある情報。そんなときにあなたから、プレスリリースという形で情報を持ってきてもらえたら、これほどうれしいことはないですね。
　ぜひあなたから、今日も緊張感いっぱいに分刻みのスケジュールで取材を続けている記者たちに、情報を届けてあげてほしいと思います。

マスコミは好き嫌いが激しい

　ここで、テレビが嫌う情報を紹介しておきましょう。主に次の5つになります。

①「売り込み」の情報

先ほども書きましたが、自分の会社の商品がたくさん売れればいい、たくさんの人が集まればいい、というネタをテレビマンは嫌います。これらはお金を払ってCMで放送してほしいと思っています。

②根拠がない・証明できない情報

テレビは、あなたの商品やサービスを取り上げることに、責任が伴います。根拠がないものや、証明できないものを取り上げることはできません。例えば「あの山で幽霊が出た」とか、「催眠術で○○が治った」という内容の放送を、報道や情報番組で観たことはないですよね。

一方で、このようなネタが、バラエティで紹介されることはありますが、結論についてはおもしろおかしく扱われることがほとんどです。

ですから、テレビで取り上げられる場合には、あなたが今後、仕事を続けていくうえでマイナスの影響を及ぼさないかどうか、しっかり判断する必要があります。

③映像化できない情報

映像化しにくい、もしくはしてもわかりにくいものは嫌われます。また絵変わりしない、つまり映像がずっと単調なものも、なかなか取り上げられません。

実際に取材依頼で多いのが、会議やセミナーの映像です。しかし参加者や主催者がいくらいい話をしても、視聴者からすると映像が変わらずおもしろみを感じないシーンが続くことが多いので、注意しましょう。

その場合は、他に実際に動きのある場面を取材してもらえないかどうか考えて、情報提供する必要があります。

④番組のコンセプトとかけ離れている情報

番組のコンセプトにそぐわないものは、取り上げられません。番組のコンセプトが「一生懸命頑張る人」なのに、「常にあきらめている人」は取り上げられないですよね。「病気の予防法」を取り上げる番組なのに、「病

気の治療法」を語っても、評価してもらえません。

⑤他局や他番組の二番煎じの情報

　他局や他番組の二番煎じ。これは、「パクリ」というものですね。

　人の真似を取り上げてしまえば、テレビマンとしての評価を著しく低下させるばかりか、テレビ局の信頼を失墜させ、テレビ離れを加速させることにつながります。

　そういう意味でもテレビマンは、常に新しい情報を求めています。

コネは効かない！

　テレビに対するイメージとして、まだまだ世の中には誤ったイメージがあります。それは何かと言うと、**「よい商品、よいサービスを提供していれば、テレビ側が『取材させてください』と言ってアポイントを取ってくるんじゃないか」**というものです。

　その可能性はゼロとは言いませんが、年々少なくなっています。リサーチャーの話を2章で書きましたが、よいネタ・情報・サービスをきちんと調べる人は少なくなっています。そこに人員を割くことができなくなってきているのです。

　現状、テレビはどちらかと言うと、「待ちのスタンス」になっています。

　では、コネクションがあれば取り上げられるのでしょうか？　それも違います。例えば、「テレビ局に知り合いがいるんですが……」という方がけっこういるのですが、そういう人ほどテレビでは取り上げられていないですね。

　つまりコネクションは、相当強くないと働きにくいのです。意外に思われるかもしれませんが、テレビ局は縦割り構造の面が非常に強いのです。そういう意味で、何となく「紹介するね！」というのが通用しにくいのです。

　大口スポンサーのような強いコネクションであれば話は別ですが、

ちょっとしたコネクションは働かない、と思っておきましょう。
　プレスリリースなどの手段で、しっかり伝えることが大事なのです。

　プレスリリースというのは、メッセージをシェアすることだと捉えて、気軽な感覚で出せばいいと思います。友だちにFacebookでコメントをしたり、LINEを送ったり、そんな気持ちで送ればいいのですが、ただ押さえておかなくてはいけない「コツ」があります。
　その「コツ」については、4章で詳しく説明しますので、楽しみにしていてください。

「絶対採用されない」嫌われる情報とは何かを理解して、テレビマンが求める情報を提供しましょう。

5 あなたが決めるべき「3つのもの」

プレスリリースを書く前に、あなたが決めておかなければならないことが3つあります。

それは、「プレスリリースを作成する前に知っておきたい5つのこと」のうち、以下のものになります。

②自分の商品・サービスを知る……伝えたい商品とサービスをしっかり決めましょう。
③ターゲット（自分の顧客層）を知る……伝えるべき相手が誰なのか、ペルソナを明確にしましょう。
④自分の魅力を知る……あなた自身が、テレビで紹介されるプロフィール（ストーリー型プロフィール）を決めましょう。

これらは言い換えれば、「あなたが何者で、あなたが何の専門家なのか」を明確にする作業になります。

この3つがしっかり決まっていないと、あなたがいかに美辞麗句を並べて素晴らしい文章を書いたとしても、あなたの魅力はなかなか伝わりません。あるいは、テレビが番組をおもしろくするために「演出」という方法を使って、あなたの魅力をねじ曲げて伝える可能性すらあるのです。

この3つはとくに重要なので、簡単なワークをしながら、一緒に考えていきましょう。

プレスリリースを作成する前に①商品・サービス、②ペルソナ、③プロフィールを準備しましょう。

3章 プレスリリースを作成する前に知っておきたい5つのこと

自分の商品・サービスを知る①
取り上げられる商品・サービスのつくり方

商品やサービスの差別化はむずかしい

早速ですが、ワークをしていただきます。

①あなたが今、テレビで紹介したいものは何ですか？
②あなたの紹介したいものが、テレビで取り上げられる理由は何ですか？

これについて思いつく限り、書き出してみてください（実際のセミナーでは、3分間で書き出していただいています）。

書けましたか？　ひょっとしたらペンが止まってしまった人もいるかもしれません。

ここでポイントがあります。1つ目の、「あなたがテレビで紹介したいものは何ですか」という質問ですが、このポイントは、**「商品・サービスのみに限定しない」**ということです。

どういうことかと言うと、ウリが商品やサービスだけよりも、その商品やサービスに熱い想いを持っている「あなた自身」や「あなたの会社」をアピールしたほうが、効果的だからです。

その理由を説明します。商品やサービスだけに限定してしまうと、他より圧倒的に優れた商品・サービスを打ち出すのは決して容易ではありません。

とくに成熟したビジネスに携わる人は、優位性を「金額の安さ」に求めがちです。しかし、極端な価格設定なら別ですが、多少の価格差ではテレビは興味を示しません。

また、商品やサービスの「機能や性能の違い」だけでひとつのニュースや番組にすることは、とてもむずかしいのです。
　なので、その商品やサービスを扱っているあなたが、「こんな熱い想いを持っています」「こんな想いを込めてつくりました」「他のものでは、こんなところが満足できませんでした。だから、今までのものとここが違います」、そういったものを明確にすることが非常に大事なのです。
　そう考えていくと、この先のあなたのプロフィールという部分につながってきます。

　ただ、どんな商品やサービスを題材にして、あなたの想いを伝えればいいのか思いつかない、悩んでいる、という人もいるかもしれません。そういう人のために、ネタの出し方を一緒に考えていきましょう。

テレビで伝えるべき「あなたの想い」の出し方

　では、具体的にどうすればいいのかというと、まず、今あなたが持っている商品やサービスを、箇条書きで書き出してみてください。自分の商品を棚卸しするつもりで、全部書き出してください。
　そのうえで、ピックアップしてください。何をピックアップするのかというと、自分が今後、力を入れていきたいサービスです。そして、なぜ力を入れていきたいのか、書き出してみてください。
　それが、テレビに伝えるべき「あなたの想い」ということになります。

　次に、イラストや図、絵にしたときにおもしろいなと思うようなものをピックアップしてください。
　テレビは映像を大切にするメディアです。映像としておもしろいと思うものに関しては非常に興味を持ちます。ビジュアルを意識して、ピックアップしてみてください。

　それでも思いつかないという人は、他の人の名刺を見てみてみましょう。

他の人の名刺を見て、「あっ、この人の会社にはこんな商品があるんだ」とか、「こんな想いでやっているんだ」というところから、自分の商品・サービスの魅力に気がつくことも多々あります。

今はフリーランスでも、名刺やホームページをかなり創意工夫してつくっている人が多いので、そこからアイディアを拝借するというのもアリです。

自分のいいところを相手に見つけてもらう

同じような考え方ですが、「ネタの交換」というのも非常にメリットがあります。

人のことは手に取るようにわかるのに、自分のことになるとわからないという人も多いのではないでしょうか。

私もそうです。コンサルティングで相手にアドバイスをすることはできますが、いざ自分のこととなると、とまどってしまいます。他のメンターにアドバイスをもらわないと、なかなか自分を客観視するのはむずかしいことです。そこで、「ネタの交換」という手法をお勧めします。

どうやればいいのかと言うと、まず自分が相手のネタになりそうなポイント、つまりテレビで取り上げられたらおもしろいな、というところを見つけてあげます。その代わりに、相手にもあなたのいいところを見つけてもらうように、ネタを交換するのです。

ただ、「ネタの交換」で注意すべき点は、同業者とやらないことです。同業者とやると、ネタがそのまま相手のビジネスに持っていかれてしまう可能性もあるので、そこは注意してください。

仲のいい友人とか取引先の人、あるいは客観的に自分を分析してくれるビジネスパートナーとか、メンターとか、そういった人とやってみるといいでしょう。

家族に頼むのも効果的です。子どもの発想からテレビに取り上げられるケースもたくさんあります。

【テレビに取り上げられるための商品・サービスの出し方】

今ある商品・サービスから見つける→箇条書きで棚卸しする

↓

・棚卸ししたものの中から、今後も力を入れていきたい商品・サービスをピックアップする
・ビジュアルを意識してピックアップする

↓（それでも見つけられない場合）

・他の人の名刺やホームページを見て参考にする
・仲間に見つけてもらう「ネタの交換」をする

「広報アイディア会議」を開く

　それからもう1つ。会社であれば、多くの人の意見を聞くことも非常に大事です。社長一人で広報を考えてしまって、うまくいかないケースが小さな会社の場合は多いのです。

　大きな会社だと広報部というセクションがありますから、そこを中心にアイディアを考えるのですが、小さな会社では社長が営業もする、管理もする、新しいアイディア、サービスも考える……と、一人何役もやっているところが多いんですね。そうすると「専門家の罠」に陥ることがあります。

　そこで、「広報アイディア会議」を社内で開くことをお勧めします。

　広報アイディア会議は、日頃、情報交換をしていない人たちが集まって、

テレビに取り上げられるためには、どんなモノを打ち出していったらいいのかを意見交換する会議です。

私も、何社かの会議に立ち会わせてもらったことがありますが、不思議なもので、日頃なかなか意見が出てこない部署の人からいい意見が出てくることがあります。例えば、実際にモノをつくっている人とか、経理部からおもしろい宣伝のアイディアが出てきたりすることがあるんですよ。

飲食店であれば、ホールの人だったり、納品業者からいいアイディアが出てくることもあります。

広報で行き詰まっている会社は、ほとんどが**社内意見の吸い上げ不足が原因です**。新しい意見が出てくることに加えて、社内の風通しも非常によくなるので、ぜひ一度実施することをお勧めします。

あなたの商品やサービスの魅力をもう一度整理してみましょう。周りの力を借りることも効果的です。

自分の商品・サービスを知る②
価格アップはこのタイミングで

売上アップの公式を理解する

　テレビであなたの商品やサービスが紹介されれば、興味を持った人がお客様になってくれるので、売上は上がります。その場合に、価格設定は非常に重要です。

　売上＝単価×顧客数×購入回数という公式がありますが、テレビに取り上げられれば、顧客数が増えるので売上はアップします。

　一方で、同時に単価も上げれば、効率的に売上が上げられるのではないかと考えがちですが、単価を上げるタイミングを間違えると、テレビに取り上げられた効果がなくなってしまうばかりか、売上が下がってしまうことすらあります。

　ここでは、価格設定・変更のタイミングと注意点を説明しましょう。

価格設定・変更３つの注意点

①価格（単価）を上げるタイミング

　もしあなたが価格を上げたいと考えているのであれば、その最適なタイミングは、**「テレビに取り上げられる前」**です。言い換えれば、今日にでも価格を上げる準備をはじめることをお勧めします。

　テレビに取り上げられた後に価格を上げるという人が多いのですが、そうすると、周りからの批判を受けやすいのです。テレビ出演直後は、周りからの羨望を含めて、「テレビに出たから、あの会社は調子に乗っている」といった声が上がりやすい時期でもあります。

　価格アップ（値上げ）は、今までのお客様との信頼関係を崩すことにもなりかねないので、注意が必要です。

②価格を上げる際の注意点

しかし、テレビ出演前に価格を上げる場合も、いきなり上げないことが重要です。移行・準備期間を案内することで、お客様に心の準備をしてもらいます。同時に事前の案内で、買い貯めなど駆け込み購入による売上アップも見込めます。

また、**既存のお客様には、価格を維持することで対応するという方法も効果的です。**そうすることで、既存客の離脱を防ぐことができます。

テレビであなたに興味を持ってやってきた新規客は、すでに値上げ後の新価格になっているので、トラブルが起こる可能性は低いです。

③「テレビ価格」の設定

よく情報番組で、「合言葉を言った人は○○円引き」「先着○○名様に限り、半額」などの価格を設定して集客しているケースがありますが、特別な「テレビ価格」につられてやってきた人が、リピーターになる可能性は通常より低いことを認識しておきましょう。

また、そうしたケースで通常価格に戻した場合に、お客様が勝手に「高い」という印象を持つ可能性もあるので、注意が必要です。

テレビ価格を設ける場合は、**期間や人数を限定的にしたり、同時に通常価格を示す必要があります。**

価格アップ（値上げ）はテレビ出演前に行ないましょう。出演直後にすると逆効果になります。

ターゲットを知る①
制作サイドの意図をつかむ

同じ時間帯に同じような番組が並んでいるが……

　ひとくちにテレビ番組と言っても、1局あたり毎日40〜50のテレビ番組が放送されています。それに各都道府県には数社のテレビ局（地上波）があり、BS、CS、ケーブルテレビなども加えると、私たちはたくさんの番組の中から、自分の興味があるもの、観たいものを選別してテレビを観ていることがわかります。
　ですから番組を制作する側も、どんな人に観てほしいのか、しっかりターゲットを分析しています。

　例えば、午前8時。東京ではどのような番組が放送されているでしょうか。NHKでは朝の連続ドラマが放送されていますが、8時15分からは、「あさイチ」という情報番組です。この時間帯は、日本テレビが「スッキリ!!」、テレビ朝日は「羽鳥慎一モーニングショー」、TBSは「ビビット」、フジテレビは「とくダネ！」と、情報番組が並んでいます。
　NHK・Eテレとテレビ東京以外は、すべて情報番組なのです。
　なぜ、この時間帯に情報番組が並んでいるのかと言えば、この時間帯の視聴者は、ご主人を送り出した後の主婦であること。そして、家事をしながらテレビを見ている人が多いので、何かをしながら見ることのできる番組が向いているということで、情報番組になっているのです。

自社のターゲットを絞る

　では、情報番組がすべて同じターゲットを狙っているのかと言えば、そうではありません。「スッキリ!!」は、ファッションやグルメを多めにして、若い主婦層を狙っています。「とくダネ！」はニュースが多く、少し高め

の年齢層がターゲットです。

仮に若い女性・主婦層に向けてプレスリリースを出すとしたら、番組構成上、「スッキリ!!」と、「ビビット」が提出先になります。

男性向けの情報をニュースで伝えてほしいのであれば、この時間帯ではなく、午後11時台のニュース番組が、プレスリリースの提出先となってくるのです。

そのように、自分の商品・サービスのターゲットを分析したうえで、テレビ活用を考えていく必要があります。

どの番組がどのターゲットを狙っているのかは、その番組の時間帯に、**どんなCMが流れているのかを見てもわかります。**

例えば、化粧品のCMが多ければ女性向けの時間帯ですし、その化粧品のブランドが芸能人の誰をイメージキャラクターとして使っているかを見れば、だいたいの年齢層をつかむことができます。

番組の内容やCMのイメージキャラクターを見ることで、視聴者の属性を知ることができます。

9 ターゲットを知る②
テレビ活用のための「ペルソナ20」

ペルソナの心を打ち抜くメッセージを

ビジネスを成長・発展させるためには、**「ペルソナ」**の設定が重要です。

あなたのお客様が世の中にたった一人しかいないと仮定した場合、つまりあなたの**最良のお客様が誰で、その人に何を伝えたいのか、その人物像を決める**ことで、あなたの商品やサービスの強みが引き立ちます。

この設定する人物像を、ペルソナと言います。「Personal」という英単語があります。「個人の」「本人の」という意味ですが、ペルソナが語源だとも言われています。

では、ペルソナがなぜ大事なのかと言うと、自分の伝えたいことに一本の筋を通すためです。言い換えれば、ブレをなくすためです。

自分のお客様を一人に絞り込めば、その人物がどんな家族構成で、どんな働き方をしていて、趣味・関心は何で、どんなライフスタイルなのか……といった背景をイメージすることが容易になります。

そのペルソナに向けて、本当にあなたが発信していきたいメッセージをつくっていくのです。そうすることによって、あなたが商品やサービスをなぜ提供するのか、誰のために提供するのか、といった目的が明確になります。こうした作業が、テレビで取り上げられるときにも大事なのです。

テレビは「マスメディア」と言われます。マスメディアの「マス」は、世の中、大衆という意味です。そのため、たくさんの人に伝わるように、メッセージ広げて伝えがちです。しかし、それだと逆に、あなたの熱い想いは伝わらないのです。

あなたの商品・サービスを本当に必要としている人の心を打ち抜くメッセージの力が弱くなり、結局、誰にも伝わらないということになりかねません。ここはピンポイントで、ターゲットを一人に絞って文章を書いたり、

情報を伝えていく必要があります。

テレビでのペルソナは何が違うのか

　テレビでのペルソナの設定で、他の一般的なペルソナ設定と比べて重視される項目が2つあります。それは何かと言うと、1つは**「好きなテレビや雑誌、メディアは何ですか？」**というものです。そしてもう1つは、**「誰がオピニオンリーダーですか？」**というものです。
「オピニオンリーダー」をわかりやすく言うと、あなたは誰の言うことだったら素直に受け入れるか、誰の影響を強く受けるかということです。
　もっと言えば、そのペルソナは、「芸能人の○○さんが紹介してくれたら、あなたの商品を買いますか？　その○○さんは、誰ですか？」ということまで考えてください、ということです。

　仮に20代の女性であれば、嵐があなたの商品やサービスを宣伝してくれれば、あなたのお客様になってくれるかもしれません。それであれば、嵐が出演している番組にプレスリリースを出すのがもっとも効果的です。
　つまり、あなたのお客様であるペルソナのオピニオンリーダーが櫻井翔さんだとしたら、同じニュース番組にプレスリリースを出すにしても、日本テレビの「NEWS ZERO」に出すことが効果的になるわけですね。
　なので、実際にそのようなオピニオンリーダーが誰なのか、というところまで考えてください。そして、そのオピニオンリーダーが出ているテレビ番組は何か、そのファンが観る番組は何かを考えます。
「その番組にプレスリリースを出すことが可能なのか」を考えながらテレビを観ていくと、あなたがプレスリリースを出して、大きな効果がある番組は、自然と絞られてきます。

> あなたの想いを明確に伝えるために、ペルソナを設定しましょう。ペルソナのオピニオンリーダーは誰ですか？

【テレビ活用のための「ペルソナ20」チェックシート】

①名前：

②年齢：

③性別：

④未婚/既婚：

⑤家族構成：

⑥年収（世帯年収）：

⑦職業：

⑧業種：

⑨仕事内容：

⑩趣味：

⑪愛読書：

⑫性格：

⑬好きな雑誌：

⑭好きなテレビ：

⑮オピニオンリーダー：

⑯休日の過ごし方：

⑰困っていること・悩み：

⑱ほしいもの：

⑲やりたいこと

⑳将来の夢や目標

10 自分の魅力を知る
ストーリー型プロフィールの作成

人に見つけてもらうか、自分で見つけるか

　テレビに出る最大のメリットは、番組を通じてあなたの魅力を多くの人に伝えられることです。そのためには、自分の魅力が何なのか、知っておかなくてはなりません。あなたの魅力は何ですか？

　しかし、前述しましたが、自分自身の素晴らしさに気がついていない人も意外と多いのです。そのような人でも、自分の魅力に気がつくことができる方法がいくつかあります。

①人に見つけてもらう

　前に書いた「仲間に自分の魅力を見つけてもらう『ネタの交換』」「広報アイディア会議」のように、気の置けない仲間に協力してもらい、見つけてもらうことも、効果があります。

②自分で見つける

　自分の過去を振り返り、過去の行動や言動、想いの変化を書き出して、整理していきます。損得勘定や恥ずかしいという気持ちは考えず、思いつくままにペンを走らせましょう。発想が出やすいように、過去の写真やアルバム、文集などを手元に置いて書くと、スムーズに進みます。

　このうち②の自分で見つける方法でできるのが、「ストーリー型プロフィール」です。次項では、ストーリー型プロフィールのつくり方について説明していきます。

単なるプロフィールでは誰の心もつかめない

　あなた自身を売り込むときに必要になるのが、プロフィールです。テレビに取り上げられるということも、売り込み・宣伝のひとつですから、当然、プロフィールの作成は必須です。
「プロフィール」というと、これまでの経歴やキャリア、持っている資格などを時系列でまとめるというのが一般的ですが、それでは人の心をつかむことはできません。
　テレビに取り上げられるのは、将来の**あなたのファンや応援団を見つける、という目的があります。**しかし、経歴や職歴だけでは、あなたに魅力を感じ、共感し、感動し、応援したくなるところまで視聴者の気持ちを持っていくのは、とうてい無理です。
　まずは、テレビマンの心をつかみ、ファンにして、あなたのメッセージを伝えてもらうための取材をしてもらう。そして、放送を観た視聴者にもその想いを感じ取ってもらう必要があります。
　そのために必要なのが、「ストーリー型プロフィール」なのです。

　人は何に感動するのかというと、それは「谷」なんです。「人生、山あり谷あり」と言いますが、その谷に落ちたときに、あなたがどんな努力をして谷から這い上がり、今ここに立っているのか。そのエピソードを知りたいのです。そのエピソードがあるから、困難を乗り越えてきた人だから、人は応援したくなるんですね。そうしたエピソードをまとめていくことで、「ストーリー型プロフィール」ができあがります。
　あなたの人生、谷も1つではなくて、2つも3つも乗り越えてきたはずです。そのたびに悩み、苦労し、困難に打ち克ってきたはずです。「だからこそ、今、この商品やサービスで誰かの未来をよくしていきたい」「そのために、私をテレビで取り上げてほしいんです」と言えば、単に自己都合ではなく、世の中のためだということもわかり、応援したくなります。

「ストーリー型プロフィール」作成の実際

「ストーリー型プロフィール」を作成する方法ですが、自分の人生を棚卸しすることからはじめましょう。
　まずは、時系列で自分の人生をまとめてみます。
　①生まれてから小学校卒業まで
　②中学から高校・大学卒業まで
　③社会人になってから
という3つのフェーズで考えるといいでしょう。

　その際に、
　①力を入れていたこと
　②ほめられたこと・うれしかったこと
　③怒られたこと・悔しかったこと
　④一番お金と時間をかけたこと（「強み」になりやすい）
　⑤ターニングポイント・イベント
　⑥決断したこと
　⑦そのときの周囲の反応と自分の気持ち
という項目で整理すると、しだいに当時の記憶が蘇ってきます。

　プロフィールをまとめることによって、「あのときにどういう想いがあって行動をしたのか」「今のビジネスはこのときの影響を受けているな」といったことが見えてきます。そこにテレビが取り上げられるネタ、ビジネスのヒントが隠されていることもたくさんあります。

　次ページは私の例ですが、実際、大学時代の塾講師の「人に教える」という経験が、今の講演活動につながっていますし、大学浪人して親に迷惑をかけたことで中小企業経営の大変さを知り、小さな会社やフリーランスの力になりたいという現在の仕事の原動力になっています。

【ストーリー型プロフィールの作成】

	（例）中学から高校・大学卒業まで	生まれてから小学校卒業まで	中学から高校・大学卒業まで	社会人になってから
①あなたが力を入れたことは何ですか？	・男声合唱 ・塾講師のアルバイト			
②あなたがほめられたこと、うれしかったことは何ですか？	・教え方が上手 ・目標達成意欲が強い			
③あなたが怒られたこと、悔しかったことは何ですか？	・大学受験失敗・浪人			
④あなたが一番お金と時間をかけたことは何ですか？	・カラオケ通い ・深夜番組（テレビ・ラジオ）			
⑤あなたのターニングポイントになったイベントは何ですか？	・浪人で東京へ ・マスコミ塾への通学			
⑥あなたが決断したことは何ですか？	・テレビ局への就職			
⑦決断したときの周囲の反応と、そのときの自分の気持ちを書いてみましょう	公務員になることを望んでいた親も「あなたがやりたいなら」とテレビ局への就職活動を応援してくれた。うれしかった			

テレビ取材に必要な7つのチェックポイント

　棚卸しをした後で、次の「テレビ取材を受けるために必要な7つのチェックポイント」を確認しておいてください。このチェックポイントは、実際にテレビ取材を受けるときのインタビューでも必要になります。

[テレビ取材に必要な7つのチェックポイント]
　①あなたは「何屋さん」(誰の何を解決するプロ)ですか？
　②あなたはなぜこの仕事をしているのですか？
　③今、あなたの業界は上向きですか、下向きですか？（現在の状況はどうですか？）
　④あなたの他との違い（優位性・強み）は何ですか？
　⑤今、あなたが伝えたいことは何ですか？
　⑥あなたの商品・サービスを利用した人は、いつ、どのような効果が現われますか？
　⑦あなたは将来（1年後、3年後、5年後、仕事をリタイアするとき）、どうなりたいですか？　それはなぜですか？

「ストーリー型プロフィール」も「テレビ取材に必要な7つのチェックポイント」も、あなたの魅力を引き出すための効果的なツールです。

あなたの人柄を感じてもらい、あなたがなぜ、今、この仕事をやっているのかが伝わるようなものがあれば、周りから応援してもらえますし、実際にいい評判につながります。

商品やサービスの特徴だけでテレビに取り上げられたとしても、影響力の持続期間も短いですし、そもそも取り上げられるチャンスも、大手企業と比べて中小企業やフリーランスは圧倒的に不利です。

しかし、自分の想いやメッセージを伝えることができれば、応援してもらえるファンをつくることができます。効果的にメディアを活用するためにも、ぜひ自分の人生の棚卸しをしてみてください。

> ストーリー型プロフィールを作成して周りから応援してもらえる自分を見つけましょう。

11 流行・常識を知る①
テレビが今、興味を持っているものを知る

流行はテレビに取り上げられやすい

　テレビの番組にも、当然、流行があります。流行に乗っているものは取り上げやすいのは事実です。例えば「多摩川のタマちゃん」ブームのときは、どのテレビ局もこぞってタマちゃんの特集を組んで取材しました。いつタマちゃんが現われてもその姿を映像で収められるように、スタッフを1週間以上、現場に張りつかせていたテレビ局もありました。

　エリマキトカゲ、ウーパールーパー、徳川埋蔵金、ドラクエ、ツチノコ、たまごっち、ビリーズブートキャンプ、妖怪ウオッチ、ドローン、Pokemon GO……すべてテレビで注目を集めたものです。

　では、どのようにすれば、あなたの商品やサービスも流行の恩恵を受けられるのでしょうか。それを探すポイントは次の7つです。

流行を探す7つのポイント

①インターネットをチェックする

　インターネットで検索されている言葉は、当然テレビをはじめとするメディアも注目しています。

②テレビをチェックする

　テレビでも、今週1週間を振り返る番組などはチェックします。その中で、自分のビジネスに関連づけられそうなものをピックアップします。

③雑誌、書籍をチェックする

　雑誌であれば、ジャンル別に今注目の情報を扱っています。ファッション誌などは季節の先取りをしていますし、ビジネス系の雑誌であれば、家

電製品や文房具の流行予測などを頻繁に掲載しています。

④セミナーのラインナップをチェックする

今開催されているセミナーで、集客できているものが、今の流行です。セミナー情報サイトなどを使って、チェックしてみてください。

⑤お客様に聞いてみる

口コミの情報はとても貴重です。まだメディアに取り上げられていない情報が手に入ることも非常に多いのです。同時に、本音を掘り下げるためのリスニング・モニタリングをしてみてください。

とくに不満を掘り下げ、解決する商品・サービスが完成すれば、流行の最先端に立てる可能性もあります。

⑥季節ネタをチェックする

季節ネタとは、入社式や卒業式、クリスマスのイベントなど、メディアが毎年決まった時季に取り上げるものです。この季節ネタのイベントを、他より早めに仕掛けることで、取り上げられる可能性は高くなります。

⑦有名人のブログ・SNSをチェックする

有名人が使っている商品・サービスは流行になりやすいので、こまめにチェックすることが必要です。有名人そのものについても、次にどの有名人がブレイクするか、アンテナを張っておく必要があります。

テレビは流行に敏感です。あなたのビジネスと合うものがあれば、積極的にアプローチしましょう。

12 流行・常識を知る②
流行は繰り返す

テレビの情報（ネタ）の見つけ方

　流行は常に新しいものとは限りません。過去に流行ったものが再ブレイクしたり、リニューアルして登場したりします。例えば、テレビ局も伝える情報（ネタ）がなくて苦労しているときなどは、インターネットで**「今日は何の日」**を調べて取材したり、テレビ局に保存してある素材を活用して**「あの人は今」**などを取材しています。

　そのような意味でも、過去に取材されたものをピックアップしておくことは重要です。同時に毎年恒例の定例イベントは、しっかりカレンダーに記入して、広報計画を立てておく必要があります。

【毎年恒例のイベントの一例】

春 3〜5月	卒業式、入学式、歓送迎会、新生活、引っ越し、花粉症、お花見、桜関連、ひなまつり、母の日、動物の出産ラッシュ、ゴールデンウィーク、春の食べ物（たけのこ・ふきのとう・菜の花）など
夏 6〜8月	父の日、梅雨、クールビズ、涼感グッズ、節電、熱中症、夏休み、お盆、行楽地、海水浴、プール、帰省、旅行、花火、七夕、お祭り、甲子園、ダイエット、夏の食べ物（すいか・冷し中華・かき氷）、ビヤホールなど
秋 9〜11月	紅葉、観光地、稲刈り、収穫報告、運動会、お月見、敬老の日、スポーツ・エクササイズ、芸術・文化系イベント、読書、秋の食べ物（さんま・栗・松茸）など
冬 12〜2月	温泉、ウィンタースポーツ、防寒対策、冷え性、ボーナス、忘年会、クリスマス、お正月、インフルエンザ、成人式、今年の漢字、1年の振り返り、節分、バレンタイン、冬の食べ物（鍋物・シチュー・みかん）、餅つきなど

流行に安易に乗ると……

とはいえ、安易に流行に乗ってしまうと、テレビに取り上げられた効果がなくなるばかりか、あなたのビジネスに悪影響をもたらす可能性もあるので、注意しましょう。本来、あなたは熱い想いと信念を持って仕事をしているはずなのに、売れるから、金儲けをしたいからという理由で仕事をしていると誤解されてしまうこともあります。**あなたのことをどのように演出してくれる番組なのか、しっかりチェックしておくことが大事です。**

流行に乗って、影響力の大きいメディアに取材されることが、あなたにとってプラスかマイナスか、判断してください。

この章では、プレスリリースを書く前に知っておきたい5つのことについてまとめました。この5つを押さえたら、プレスリリースをいよいよ書くという話になるのですが、プレスリリースを書く前に、考えてほしいことがあります。それは、あなたが、**何についてプレスリリースをするのか、そして、どの番組にプレスリリースを出すのかということです。**

ペルソナのところでもお話ししましたが、どの番組をピンポイントで狙うのかが重要です。むやみやたらにプレスリリースを送っても、取り上げてもらえるものではありません。あなたのビジネスに活かすためには、ピンポイントで攻めることが大事ですので、あなたがこの番組に取り上げてほしい、という番組を選んでください。順位づけをして、**「取り上げてほしいランキング1位」の番組から、順番にアプローチしていくのです。**

ランキング1位の番組に評価されるようなプレスリリースを書くことが、あなたの使命です。

毎年恒例のイベントは、テレビで頻繁に取り上げられます。広報計画に組み込んでおきましょう。

4章

新規顧客がやってくるプレスリリースの書き方「7つの掟」

1 4万通のプレスリリースに目を通して気づいたこと

7割は5秒で落第

　私は、テレビマン時代に毎週200件、累計で4万通以上のプレスリリースに目を通して「選別」していました。
　選別と言うと工場の製品や、選果場を思い浮かべる方もいらっしゃるのではないでしょうか。製品のクオリティ維持や危機管理のため、サイズが小さい、形が悪い、傷がついているなどの不良品・規格外品を人間の目で見てチェックするのが選別です。

　プレスリリースも同じです。「取材してください！」と寄せられるものの中には、テレビで放送できない内容のものや、自分のメリットしか考えていないものなどが少なくありません。テレビにとって、取り上げるメリットがあるものを選ぶ、それが選別の仕事です。
　1回の判断にかける時間は、1枚あたり3秒。長くて5秒。それだけあれば十分です。そんなわずかな時間で、およそ7割のプレスリリースは取材する対象から脱落してしまうのです。
　なぜでしょうか？

心に留まるラブレターを書こう！

　「プレスリリースはビジネスラブレターである」。私が全国各地の講演で、お伝えしていることです。
　あなたがラブレターを書くときのことをイメージしてみてください。そのラブレターは、
・誰に書きますか？
・どんな内容を書きますか？

・書いた後、どのような結果をイメージして書きますか？

　意中の相手に、好きだという気持ちを伝えて、この先一緒につき合っていくことをイメージすると、すぐに答えられるでしょう。

　しかし、プレスリリースにおいてはどうでしょう。テレビ局の人間に書いているのか、お客様に書いているのかわからない、内容も目的も、何をしてほしいのかもわからない、そんなプレスリリースが、テレビ局に寄せられるプレスリリースのうち、実に7割を占めるのです。
　では、どのようなプレスリリースを書けばテレビマンの目に留まり、選ばれ、取り上げてもらえるのでしょうか。

　この4章では、実際に私がテレビマンとしての経験をもとにつくった、**高確率でテレビに取り上げられるためのポイント、プレスリリースの書き方「7つの掟」**を中心に、具体的なプレスリリースの書き方についてお伝えしていきます。

テレビマンの目に留まり、取り上げられるプレスリリースの書き方を学んでいきましょう。

2 プレスリリースはA4用紙1枚に収める

　まずは、プレスリリースの全体像からお話しします。次ページは、私が普段使っているプレスリリースの雛形のイメージです。

　プレスリリースはメディアに取材してもらうために書く「取材企画書」だというお話をしましたが、このプレスリリース、書式は自由です。

　実際に、テレビ局に送られてくるプレスリリースは、枚数も紙の大きさもまちまちです。その中で私が推奨しているのは、**用紙はA4サイズ、枚数は1枚で書き上げる**、というものです。

　なぜ、A4用紙1枚に収めるのがよいのかというと、その理由は2つあります。まず1つ目に**「プレスリリースの目的」**があります。プレスリリースは、テレビマンがあなたの商品やサービスを取材するかどうか、判別するための文章です。あなたが伝えたいことを一方的に伝えるものではありません。実際にA4用紙に4枚も5枚も書いてあれば、その熱意は感じますが、テレビマンがほしい情報とは限りません。

　もし、放送するうえで必要な情報であれば、取材のときに記者があなたに直接質問してきます。ですから、あなたはA4用紙1枚に収まる範囲での情報提供を心がけてください。

　もう1つは、**「忙しいテレビマンへの配慮」**です。テレビ局には、1番組あたり1日に数十から数百通のプレスリリースが寄せられます。分量が多ければ、文章を読むのが面倒くさくなってしまうこともあります。

　また、何枚ものプレスリリースが送られてきた場合に、綴じてあるクリップをなくしてしまい、1枚行方不明になる、などということもあります。そういう点からも、1枚の紙に簡潔にまとめることが大事になってきます。

　また、なぜA4なのか、ということに関しては、書類を保管しているレターボックスがA4用の場合が多いためです。そして、書式は自由という

話をしましたが、Wordでつくっても、PowerPointでつくっても、手書きでもかまいません。ただ、手書きの場合は、読みやすい文字を書くことを心がけてください。詳しくは本章12項でお伝えします。

【プレスリリースの雛形　イメージ】

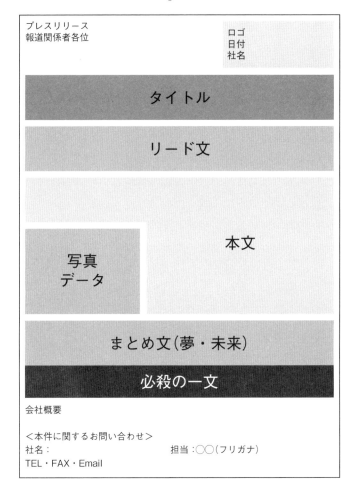

テレビマンのためにも、プレスリリースは１つのネタをA4用紙１枚に簡潔に書き上げましょう。

3 1つのプレスリリースには1つのネタ

テレビに取り上げられるためには、読みやすいプレスリリースを書くことがとても重要です。読みやすいプレスリリースを書くために、意識しておかなければならないことがあります。それは、**「1つのプレスリリースでは、1つのネタだけを伝える」**ということです。

わかりにくいプレスリリースほど、たくさんのメッセージが書いてあります。例えば、1つの会社で複数の事業をしている場合、1枚のプレスリリースで伝える事業は1つに絞ってください。もし、伝えたいネタが2つあるのであれば、2回に分けて出すようにします。

今月のイベントと来月のイベントを伝えてほしい場合も、今月のイベントで1枚、来月のイベントで1枚のプレスリリースを書くようにします。

これが一緒になっていると、はたしてどちらのイベントを取材したらいいのか、テレビマンも迷ってしまいます。

さらに、テレビマンの心理として、「来月もあるからいいや」と後回しにしがちです。その結果、翌月になると、他の取材等で忙しくなっていたり、新鮮さも消えてしまっていて、取り上げられないというケースが多いのです。

また、複数の情報をまとめると、1つの内容が希薄になってしまいます。

1枚にたくさんの情報を詰め込んでいるプレスリリースを私は、「福袋型プレスリリース」と呼んでいます。たくさんの夢や商品が詰まっている新年の福袋は、非常にうれしいものですが、プレスリリースの福袋は、中途半端で断片的な情報の集まりになりがちです。

本当に伝えたいことは何か、一番伝えたいことは何かを書きましょう。

Point
1つのプレスリリースには1つのネタ。たくさん入れると逆効果になります。

こうしてプレスリリースは選別される

プレスリリースの第一次審査

　この章の最初で、テレビ局に寄せられるプレスリリースの7割は、取材されるための条件を満たしていない、とお伝えしました。

　私がテレビ局にいたときは、プレスリリースを毎週、だいたい200件くらい読んでいました。1年は52週ですから、年間約1万件、4年間で4万件になります。その経験からプレスリリースの良し悪しが判断できるようになりました。

　では、プレスリリースの選別のしかたを記してみましょう。

　毎週200件寄せられるプレスリリースを、まず「第一次審査」にかけます。取材する、しないを○と×で分けた場合、○は60件、×が140件といった割合です。○は「最終審査」に進みます。**第一次審査のポイントは、○を選ぶというよりも、×を除外するということです。**

　×になるものは、共通点があります。まず、パッと見てタイトルがわかりにくい、文章の冒頭3行4行を読んでも、意味がわからない、といったものです。

運よく通過するのは5～10件

　その後、最終審査を通過して、テレビに実際に取り上げられるのは5件から10件くらいです。

　最終審査を通過するには、運もあります。2章でもお伝えしたように、テレビというのは一人では取材できないので、取材クルーが組めない場合や、同じ日に取材が何件も重なってしまった場合には、どれを取材するかという選択に迫られます。「他の日だったら両方取材に行けたのになぁ」なんていうこともよくあります。

前の取材場所がどこだったのかや、その日に突発的な事件が起きていないかなど、さまざまな要因に左右されることが多いんですね。

「大内流」で第一次審査通過を目指そう

ただ、第一次審査を通過した人には、ある特別なチャンスが与えられます。それは、**「敗者復活戦」への参加です。**

例えば、取材をお願いした日にちが合わなければ、他の日、次のイベントのときにもう一度、プレスリリースを出せばいいんです。何回か繰り返すことで、ほぼ100％の確率で、最後にはテレビに取り上げられます。

ところが、第一次審査で落ちた140件のプレスリリースは、敗者復活戦の土俵にすらあがれません。再び出しても落ちてしまいますし、それが頻繁に続くようであれば、ブラックリスト入りすることもあるのです。

そこでできたのが、**大内流プレスリリースの書き方「7つの掟」**です。

本書に書かれている7つの掟を守ってプレスリリースを書くことで、確実に第一次審査を通過することができます。

まずは基礎編として、この7つの掟を見ていきましょう。

まずは第一次審査を通らなければ敗者復活戦にも参加できません。次項からの「大内流」を乞うご期待。

「プレスリリース」7つの掟

その1 タイトルをつけてはいけない
- タイトルはプレスリリースの要約、キャッチコピーではない。だから、最初ではなく、最後につける
- 事実・真実を伝えるのが使命のテレビマンにとって、過度な演出、熟れたキャッチコピーはマイナス

その2 タイトルは 10 文字から 15 文字で短く
- タイトルは見やすく・すっきりまとめる
  （固有名詞が長い場合は例外もある）

その3 5W5H を明確にする
- 5W ＝ When、Who、Where、What、Why
- 5H ＝ How、How long、How many、How much、How in the future

その4 一文は 60 字以内で書き切る
- 文章は短くつなぐ。「。」と「。」の間は 60 字以内
- キレのいいセンテンスは、そのまま採用される

その5 テレビマンに価値を伝える「必殺の一文」
- テレビマンをワクワクさせるプレスリリースを作成する
- 「実際に、○○していただくことが可能です」のコメントを入れる

その6 テレビマンをワクワクさせる「必殺の動画」
- 映像を準備して、テレビマンの期待に応える
- 「実際の映像をホームページ・YouTube で用意しています」のコメントを入れる

その7 最後のチェックまで抜かりなく
- 第三者に見てもらって書き直す
- 専門用語のオンパレードになっていないか、わかりにくい表現はないか、誤字・脱字はないか
- 中学 1 年生にもわかるように書く

大内流 プレスリリースの書き方「7つの掟」[その1]
タイトルをつけてはいけない

タイトルは目的地を示すもの

　掟その1です。プレスリリースには「タイトルをつけてはいけない」ということです。「えっ？」と思われた方もいるかもしれません。これは本当にタイトルをつけてはいけない、ということではありません。どういうことか、説明していきましょう。

　思い出してみてください。あなたは小学生です。今日は学校で、作文を書きます。読書感想文です。「さあ、書きはじめてください」と言われたとき、あなたは一番最初に何をしますか？

　ほとんどの人は題名を書いて、名前を書くでしょう。先生からもそう習ったはずです。

　これはなぜかと言うと、子どもが文章を書くときには、**最初にタイトルをつけないと、目的地にたどり着けないんですね。** あっちに行ったり、こっちに行ったりして、最終的に何のことを書くか、まとまらないのです。

　なので、着地点はここですよ、ということを明確にするために、「桃太郎を読んで」「走れメロスを読んで」というように、最初にタイトルをつけるように学校では教えています。

あなたの「色気」にテレビマンはなびかない

　しかし、あなたはどうですか？　大人になって、着地点を最初に明確にしなくても、実際に書く内容はブレませんよね。

　ただあなたには、子どものころには持っていなかった「あるモノ」が身についているのです。それは何かと言うと、「色気」です。色気とは、自分の商品を知ってほしいとか、買ってほしいといった欲ですね。それが出てきて、人の心を動かそうとするのです。これが「キャッチコピー」です。

キャッチコピーというのは、人の注目をキャッチする、興味を引くためのコピーです。キャッチコピーを専門に教える塾もあって、経営者には必須のスキルになっていると言っても、過言ではありません。なので、「限定〇個」とか「最高〇日間」「最大〇％引き」など、ありとあらゆる表現で人の心を引きつけて、行動を促そうとします。

　ただ、世間一般で流行っているこのキャッチコピーは、あくまであなたの商品やサービスを利用する、お客様に対してのメッセージなんですね。
　一方で、**プレスリリースのお客様は誰でしょうか？**
　テレビマンです。テレビマンの心の中の話を思い出してください。テレビマンは何を求めているかと言うと、社会貢献です。世の中の役に立つ情報を求めているのです。そう考えたときに、キャッチコピーが、**「自分の商品やサービスを売りたいというメッセージだ」**と判断されれば、取材する側の仕事ではなくて、営業に任せたいと思ってしまいます。
　あなたの宣伝には協力したくない、加担したくないというのが正直なテレビマンの気持ちですから、これでは逆に取材をしてもらうことが困難になります。
　プレスリリースを書いてから取材されるまでは、あなたのお客様はテレビマンです。ただ、実際に取材されたときから先は、お客様は視聴者、もしくは消費者に変わるのです。
「プレスリリースのターゲットは、テレビマン」ということを忘れてはいけません。そうすると、キャッチコピーを使うことがプラスなのかマイナスなのかを考えたら、明らかにマイナスだとわかるはずです。
　キャッチコピーを最初につけるのではなくて、文章全体を書いて、その**要約としてタイトルをつけることを意識してください**。タイトルは、文章全体のまとめなので、**奇抜さよりもわかりやすさを重視しましょう**。

> プレスリリースのターゲットはテレビマンです。
> テレビマンに商品を売り込んではいけません。

大内流 プレスリリースの書き方「7つの掟」[その2]
タイトルは10文字から15文字で短く

次は掟その2です。「タイトルは10文字から15文字の短いものにしましょう」ということです。

あなたは、テレビマンが取材でもっとも嫌がることは何か、知っていますか？ それは取材に行ったときに、長々と話をされたり、時間を拘束されることなんです。彼らは、毎日取材を続ける中で、そういった人を見抜くスキルを磨いています。

その判断材料の1つに文章の長さがあります。**一文が長い人は話も長く、通常よりも取材に時間がかかることが多いのです。**また文章が長い人ほど、完璧主義者が多いので、インタビューや撮影も取り直しが多くなるという傾向が強いのです。

文章もタイトルもダラダラと、何を言いたいのかまとまりがない人のところに取材に行くことを考えると、「この人にどれだけ時間を拘束されるんだろう、あと何分話を聞かないといけないんだろう」と、考えただけで取材先として敬遠したくなります。

ですので、タイトルも簡潔に、読みやすさも考慮して10文字から15文字で収めることが理想です。

ただ、タイトルに固有名詞が入る場合があります。例えば、あなたの会社名が「○○○○株式会社」だとしてこれをタイトルに入れたい場合に、それだけで10文字を超えてしまいます、という場合は、固有名詞はひとかたまりの1文字として数えてください。

どうしても伝えたい内容をタイトルにすると長くなりそうだったら、タイトルは15文字以内に抑え、**サブタイトル（1行以内）をつけましょう。**

タイトルが長いと、テレビマンに敬遠されてしまいます。一目で読みやすいタイトルをつけましょう。

大内流 プレスリリースの書き方「7つの掟」[その3]
5W5Hを明確にする

まずはイベントのプレスリリースを書いてみよう

　3つ目はプレスリリースを書くときには、5W5Hをしっかり押さえてください、ということです。この5W5Hはどんなメディアが取材する場合にも、基本の情報となります。

「5W1H」はよく聞きますが、では「5W5H」にはどんなことが入るのでしょうか。

　〈5W〉……「When：いつ」「Who：誰が」「Where：どこで」
　　　　　　「What：何を」「Why：なぜ」
　〈5H〉……「How：どうやって」「How long：どれくらい」
　　　　　　「How many：いくつ」「How much：いくら」
　　　　　　「How in the future：これから将来的にどうなるの」

　私は、プレスリリースをこれからはじめる人に、1通目は練習を兼ねて、イベントのプレスリリースを書くことを推奨しています。プレスリリースもいろいろなパターンがありますが、イベントについて取材依頼をするプレスリリースが一番簡単です。

　なぜかと言うと、「いつ、誰が、どこで、何を」の項目を漏れなくまとめられるからです。

　イベントをやる日が、「いつで」「あなたが」「どこの場所で」「どんなイベントをします」。これだけで、When、Who、Where、Whatという情報を書くことができるので、文章の骨格がつくりやすいのです。

　もし、他のことを取材依頼するプレスリリースであれば、ちょっとした工夫が必要になります。例えば、「いつ」のところが「いつからいつまで」になったり、「スタートして◯カ月になります」「◯周年を迎えます」

といったように、ちょっとした変化球が必要になります。

そこでまずは、イベントのプレスリリースで基本を押さえるコツをつかみましょう。

プレスリリースの要はWhyとHow

文章の骨格をつくったら、文章の要である以下の2つを書いていきます。

1つ目は、「なぜ」のWhy。**「なぜ、あなたは今、その仕事やっているんですか」「なぜ、テレビで伝えたいのですか」**というところですね。そして、How。Howは**「どのような方法を取っているのですか」「どうやっているんですか」「他とは何が違うんですか」**ということです。

そしてもう1つ大事なのが、一番最後のHow in the future。これはあなたの未来ではなくて、それを利用した人だったり、あなたの商品やサービスをテレビで知った人の未来がどうなっていくのか、世の中がどうよくなっていくのかといったことです。

それを鮮明にイメージさせる必要があります。

ちなみに、その間にある「How long」「How many」「How much」は、例えばモノを売らない場合などは必要がないので、絶対に入れないといけない要素ではありませんが、基本は5W5Hですので、まずはこれをしっかり押さえましょう。

また、伝えたい情報をいきなり文章にしようとしてもむずかしいので、まずはそれぞれについて箇条書きで書き出してみましょう。そして、5W5Hそれぞれ1つずつ、全部で10個の項目の文章をつくってみてください。

文章の組み立て方は、後ほど説明します。

5W5Hでお客様の「未来」がどう変わるかを描きましょう。まずはイベントのプレスリリースで練習を。

大内流 プレスリリースの書き方「7つの掟」[掟その4]
一文は60字以内で書き切る

"15秒"がテレビではもっとも効果的な時間

　続いて掟その4ですね。
　これは、「文章は短くつなぐ」ことが大事だということです。一文が長いと、テレビマンに読んでもらえません。ポイントは、**「。」と「。」の間は60字以内でまとめることです。**

　私が報道記者をしていたときは、毎日取材をして、文章を書いていました。「。」から「。」までの間が60字、原稿用紙で3行を超える文章を書くと、その原稿用紙は上司にゴミ箱に捨てられました。「こんなの文章じゃない！」と。
　「〜、〜、〜、」とつないでいくような文章ではなくて、必ず60字以内で「。」が来る文章を書かないといけない。つまり、文章は読み手に優しくないといけないということです。

　ちなみに60字は、声に出して読むとだいたい「15秒」です。**15秒という時間が、実はテレビにおいてはもっとも効果的な時間です。**
　インタビューのコメントも、「1つのセンテンスは15秒」が目安になります。これよりも長いと、途中でカットされるんですね。
　途中でカットされたインタビューや文章の意味は正しく伝わりますか？本当の意味と違って伝わることも非常に多いのです。
　文章は一文60字以内。そして、話すときも15秒で話せるようにしておくことが重要です。逆に短すぎても、伝わりません。

　これは余談になりますが、60字の文章をテーマに分けていくつか暗記しておくと、とても重宝することがあります。

例えばあなたが、会社やちょっとした会合で1分間スピーチを頼まれたとき、60字の文章を4つ準備しておくと、ちょうど1分なんです。

1分間で話せる文章の量は、だいたい250文字から300字くらいと言われています。なので、60字の文章を4つ、しっかり間を取って話すと、1分でバシッと決まります。

もし、会社でプレゼンなどの機会がある方はぜひ覚えておいてください。話が簡潔に伝わって、あなたの評価もアップします。

あなたの文章がそのまま放送される！

それともう1つ。本書の最初のほうで、広報というのは、あくまでメディア側が主導ですという話をしました。

記事は取材した記者が書くのですが、どうやって書くのかというと、取材してきたノートと、最初に受け取ったプレスリリースを並べて、もう一度見ながら原稿を書きます。そのときに、プレスリリースを見返して、「ちょうど長さもよくて、まとまったが文章ある！」と思ったら、そのまま頂戴して、原稿にするわけです。

その結果、あなたの想いが詰まった、あなたの言葉が入った文章が、そのまま放送されるわけです。

そう考えると、切れのいい短いセンテンスで書くことが、いかに効果的かがわかると思います。

60字は話せば15秒。読んでも話しても切れのいいセンテンスです。

大内流 プレスリリースの書き方「7つの掟」[その5]
テレビマンに価値を伝える「必殺の一文」

あなたのプレスリリースを読んで、「あっ、これなら取材に行ってみたい」と思っても、すぐに取材に行きましょう、ということにはなりません。プレスリリースはあなたが書いたものなので、本当に取材に行ってもいいものか、放送していいものか、まだ確信が持てないからです。

テレビが一番怖いものは何かと言うと、釣りで言う「ボウズ」（1匹も釣れないこと）です。でも、テレビマンは、絶対にそれはできません。あなたの元に取材に行きました。取材して、結局、何もネタがありませんでした、成果ゼロで帰りました……では、放送は砂嵐です。

では、そうならないためにはどうするか。事前に本当に取材に行って、大丈夫だという、自信を持ちたいのです。

そうしたときに効果的なのが、次の必殺の一文です。**「実際にあなたたちが取材に来たら、〇〇していただくことが可能です」**。このひと言をテレビマンに伝わるように、プレスリリースに入れておいてください。

例えば飲食店であれば、**「試食してもらうことが可能です」「撮影用にフルコースを用意します」**。エステであれば、**「リポーターに体験していただくことが可能です」「使用前→使用後の比較がはっきりわかります」**。モノを売るビジネスやイベントであれば、**「お客様にインタビューしていただくことが可能です」「商品をスタジオに持ち帰っていただくことが可能です」**。

ただ単に取材してくれ、ではなくて、心配りができているなと感じてもらうためには、「必殺の一文」が必要不可欠です。

「必殺の一文」でテレビマンに「取材しても大丈夫」と感じてもらいましょう。

10 大内流 プレスリリースの書き方「7つの掟」[その6]
テレビマンをワクワクさせる「必殺の動画」

　掟その6は、「必殺の動画」です。「必殺の一文」は、プレスリリースの終わりに、取材でどんなことができるのかを入れるというものでした。しかし、もう一歩テレビマンを感動させるために必要なのは、それができるという証拠です。その証拠が「必殺の動画」です。

　そこで入れてほしいのが、**「実際の映像は、YouTubeで用意しています」「事前に観ることができます」「去年のイベントの様子はこちらで観ることができます」**という一文です。

　動画を観るためのURLを入れたり、QRコードをつけたり、あるいは、テレビマンに直接渡すのであれば、DVDに映像を入れて持参します。そうすることによって、テレビマンの不安はなくなります。

　さらに、あなたの情報が魅力的であれば、実際に取材に行くことを想定して、「何を取材しようかな」と事前にイメージをふくらませることもよくあります。そこで、短い動画では不十分な情報を補えるよう、ホームページなどの情報を掲載しておきましょう。テレビマンのタイミングであなたの情報を調べることができます。

　ここまでの掟を守って書いた、あなたのプレスリリースは完璧です。実際に私が見た4万件のプレスリリースのうち、ここまでまとまっていたプレスリリースは10件もありません。ほんの数件です。この数件に関して言えば、もちろんすべてテレビに取り上げられています。

　あなたの配慮の気持ちが伝われば、テレビマンもあなたのことを応援したくなります。一緒に地域や社会をよくしていこうという気持ちになるので、テレビに取り上げられた後も、良好な関係を築くことができます。

> Point
> 動画で情報を伝えることで、テレビ取材を一気に引き寄せましょう。

11 大内流 プレスリリースの書き方「7つの掟」[その7]
最後のチェックまで抜かりなく

　最後の掟です。プレスリリースは、ただ書いて終わりではなくて、「専門用語のオンパレードになっていないか」「わかりにくい表現はないか」「誤字脱字はないか」チェックしましょう。人に見てもらうのも、お勧めです。

　ポイントは、**中学1年生にもわかるように書く**ことです。よく、「テレビ局の人だったら物知りでしょう」とか「知っていて当然でしょう」と言われます。しかし、**テレビマンは基本的に無知**だと思ってください。

　なぜ知識があるのかと言うと、取材を通じて、どんどん知識をつけていくからです。最初は何も知らないのです。とくに、あなたの業界の専門用語に関しては、まったく知らないと思ったほうがいいでしょう。その知らない用語がプレスリリースに書かれていたら、テレビマンはどう思うでしょう。調べてまで読もうとは思いません。

　他にもテレビマンが嫌うことがあります。それは、**曖昧な表現**です。
　例えば、「多くの人に喜んでもらいました。多くの人にサービスを提供してきました」と書いてあると、「じゃあ『多くの人』って何人なの？　と反射的に思うのがテレビマンです。「多くの人」ではなくて、今まで何人に、のべ何人に、というように**具体的な数字を明記してください。**
　他にも、「『さまざまな』経験をしてきました」「『いろいろ』考えた結果」「『何となく』かわいい」。こんな抽象的な言葉が巷に溢れていますが、テレビマンは、こうした言葉を嫌いますので、できるだけ使わないようにしましょう。

Point　せっかく書いたプレスリリースも間違いがあると台なしです。忘れずにチェックしましょう。

12 プレスリリースの書き方「7つの掟」まとめ

プレスリリース作成手順のおさらい

　プレスリリースをどう書くかはとても重要なので、もう一度整理しておきましょう。これまでの7つの掟で学んだ項目を振り返ります。プレスリリースの雛形を見ながら、それぞれの項目を埋めていきましょう。

宛名……左上に送り先の宛名を書きます。サンプルでは報道関係者各位となっていますが、実際には、**番組名・個人名を記載**します。

自分の名前……右上は、自分の会社名、個人名、プレスリリースを提出する日付を書きます。会社のロゴがあれば、ロゴを入れます。

タイトル……「掟その1、その2」で学んだタイトルを書きます。タイトルは10文字から15文字で、最後に書いて完成させます。

リード文……5W5Hのうち、4つのW（When：いつ　Where：どこで　Who：誰が　What：何を）を書きます。全体の要約なので、3～4行でまとめます。

本文……残りの1つのWと、「How in the future」以外の4つのHを書きます。とくに「Why：なぜ」と「How：どうやって」はあなたの想いを伝える項目になるので、分量も400～500文字使って書きます。

まとめ文……最後の1つのH、「How in the future」を書きます。テレビを観た視聴者や商品・サービスを利用した人が、将来的にどうなってほしいのか、世の中がどう変わってほしいのかを3～4行でまとめます。

必殺の一文……テレビマンが取材に来た場合に何ができるのかを明記します。あわせて、取材の様子がイメージできる「必殺の動画」も入れます。

問い合わせ先……もし、あなたが個人で仕事をしていて、日中電話がつながらない可能性がある場合は、携帯電話もあわせて記入しておきましょう。

4章　新規顧客がやってくるプレスリリースの書き方「7つの掟」

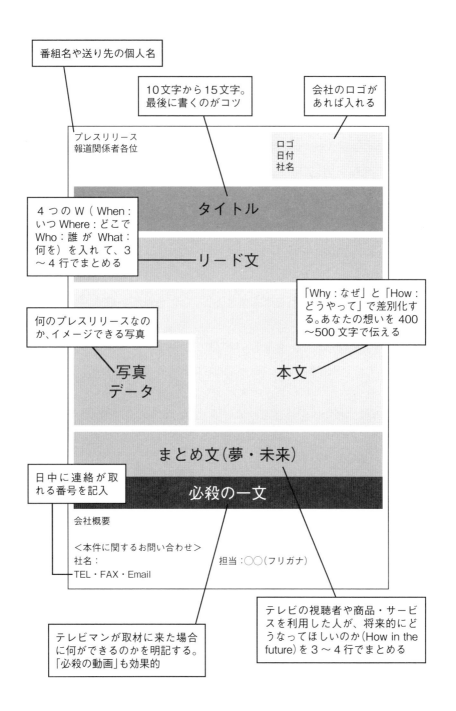

写真・その他の注意事項

「7つの掟」では触れられなかった話が1つあります。それは、写真についてです。テレビが映像を重視するメディアである以上、写真も重要です。

次の質問は、あるPR会社が実際の記者に取ったアンケートです。

「リリースに添付されていた画像の解像度が悪かったために、記事掲載を断念したことがある」（「プレスリリースに対する意識調査」PR TIMES社調べ）

この質問に対して、51.4％の記者が「断念したことがある」と答えています。つまり、記者の2人に1人は、写真の映像がわかりにくかったために、取材に行かなかったことがある、ということです。もったいないなと思うのは、「写真が小さいもの」「白黒のもの」「何の写真かわからないもの」「写真が建物の外観になっているもの」などです。

写真はカラーで大きめの画像を使いましょう。色が鮮やかであったり、文章より情報が伝わりやすい商品やサービス（美容・アパレル・料理など）は、写真を2～3枚増やして、文章量を減らしてもかまいません。

文字のフォントについては、基本の文章部分は、フォントサイズを10.5～11ポイントにするといいでしょう。タイトルフォントは、文章より大きければ、何ポイントでもかまいません。読みやすさの観点から、8ポイント以下のフォントは使わないほうが無難です。

なお、プレスリリースはカラーで印刷するとよいでしょう。それは、掲載する写真を目立たせるためです。写真以外の文字などは黒色でかまいません。逆に、文字をカラフルにしすぎると、読みにくくなるので注意が必要です。強調したい文字は、太字や下線、網かけを使うようにします。

プレスリリースの余白についても、その扱いは自由です。文章量を増やしたい場合には、余白を減らします。ただし、印刷したときに、文字や写真が切れていないか、必ずチェックしましょう。

「7つの掟」を守れば、テレビでに取り上げられる可能性は非常に高くなります。何度も読んで復習しましょう。

5章

取材獲得率が大幅にアップするプレスリリースの書き方　実践編

マスコミが弱い7つの言葉

　プレスリリースにこの言葉があると、「これは取り上げたほうがいいぞ！やるなぁ！」と、思わず唸ってしまうキーワードがあります。これを私は、**「マスコミが弱い7つの言葉」**と名づけました。マスコミの心を打つ言葉を集めたものですので、タイトルに入れるなどして活用してください。

①○○初

　世界初、日本初、地方初、都道府県初、業界初といったものですね。テレビは「初めて」に弱いんですね。この言葉がタイトルについているだけで、取り上げられる可能性は大幅にアップします。

②○○発

　次に「○○発」。こちらの発は、出発の発ですね。つまり、この地域から全国とか世界に向けて情報を発信していくというものです。地域のものを世界に売り出すとか、このエリアのもの、この業界のものを世界に打ち出していくときに使う「発」です。

　例えば、テレビドラマや書籍で流行った、池井戸潤さんの「下町ロケット」もそうですね。下町の工場でつくった部品が、夢を乗せて打ち上げられるロケットに載せられる。これが東京・大田区の町工場「発」ということになるんですね。

③○○年ぶり

　災害などで50年ぶりの大雨、100年ぶりの台風となると、それだけ珍しいということで、取り上げられる理由になります。

　春・夏の高校野球などもそうですよね。よく「何年ぶり何回目の出場」という表現をします。これはなぜかと言うと、復活のストーリーだったり、頑張ってきた、苦労してきたエピソードとつながるからです。そこにス

ポットライトを当てることができるので、効果的なんです。

　逆に「○○年ぶり」の反対の「何年連続」も、それだけ高いレベルをずっと維持し続けるには、何か秘訣があるのではないかということで、これもまたテレビで取り上げられる理由になります。

④史上○○

「史上最年少で□□の資格を取った」「史上最年長で、△△の記録を更新」。史上最高は、とにかく注目を集めます。「史上最強」「史上最低」「史上最悪」といったものもあります。「○○初」と似ていますが、歴史を変えたということで、テレビで取り上げられやすくなります。

⑤○○なのに××

　ギャップがあるものです。例えば「冷やしシャンプー」というものが何年か前に話題になりました。シャンプーは液体をイメージするのに、それがかき氷になっているものです。「自販機でおでんが売って」いたり、「アゴという魚が丸ごと1匹入っためんつゆ」というのもありました。

⑥スクープ・独自ネタ

　やはりテレビ局は新しいものを求めています。そこで、「すみません。他ではまだ公開していないのですが……」と伝えたり、それを交渉の切り札として使う方法があります。

⑦地元出身者・ゆかりのある人物の名前を入れる

　地方の場合であったら、地元出身者とか、ゆかりのある人物と何かをする、ゆかりのある人物を称えるといったイベント等は、地方のマスコミ、テレビの興味を引きやすいメリットがあります。

マスコミが弱い7つの言葉をタイトル等に入れて効果的に活用しましょう。

プレスリリースネタ15の切り口

　テレビに取り上げられる情報・ネタの大原則は、社会貢献です。世の中の役に立つかどうか、これが重要です。その社会貢献ですが、どのような切り口があるのか知りたい、という人が多いと思います。そこで、**「プレスリリースネタ15の切り口」**という形まとめました。
　この15個の切り口のいずれかに当てはまればメディア、テレビに取り上げられる可能性は高くなります。さらに、この15個のポイントが複数入っていると、その可能性はより高まります。

①新サービスの紹介……これは「〇〇初」のところでもお話ししましたが、新規性のある商品・サービスは、テレビマンの興味を引きやすいですし、視聴者の注目も集めやすいと言えます。
②地域活性化につながるもの……地方が元気になるような内容ですね。町おこしや街コン（街ぐるみの合コンイベント）、地元スポーツチームの応援や祭りなども含まれます。
③社会正義（世の中の役に立つ・弱者救済）……2016年に「保育園落ちた日本死ね」という言葉が注目を集めましたが、子どもやお年寄り、障がい者や被災者などに力を与えるものです。
④意外性（見た目・ネーミング・イメージ）……前の【マスコミが弱い7つの言葉】にもあったように、ギャップがあるものです。人の期待を1ミリでも上回れば、それが感動につながります。映像で感動を与えるのがテレビの醍醐味でもあります。
⑤利便性拡大……今まで不便だったものが、便利になるというようなもののときですね。交通網の拡大や、近くにショッピングセンターができたといった情報が該当します。
⑥来訪者拡大（他地区からの呼び込み）……これは他地区からの観光客や居住希望者を呼び込むことです。インバウンドで日本を訪れる外国人が、

よくメディアで取り上げられています。「爆買い」という言葉も流行しましたね。Airbnb（エアビーアンドビー：宿泊施設・民宿を貸し出す人向けのウェブサイト）などもこれにあたります。

　これからは、2020年の東京オリンピックに向けて、海外からの訪問客に向けてのおもてなしなども注目されます。

⑦**再生（固定概念を崩す）**……これは今まで落ち込んでいたものが、息を吹き返すといったものです。プロ野球の野村克也さんがよく「再生工場」などと評されますが、一時期落ち込んでいた人やモノ、地域などがかつての勢いを取り戻すまでのストーリーは、視聴者も共感・共鳴することが多いものです。

⑧**無価値→価値（再利用・代替エネルギー）**……価値のないものに価値を見出す、無価値を価値に変えるというものです。

　徳島県の上勝町には、里山や庭にある紅葉や柿、笹の葉っぱを販売しているおばあちゃん集団がいます。おばあちゃんたちはその葉っぱを都会の料亭に卸すことによって、一人当たりの平均年収が1200万円にもなっているというニュースが一時期取り上げられました。今まで価値のなかった葉っぱにひと手間加えることでビジネスにしたという例です。

⑨**匠の技（伝統工芸・表彰）**……日本にはたくさんの匠の技があります。まだ伝えきれていない職人技を伝えるということにも、テレビをはじめとするメディアは注目しています。これもインバウンドと相まって、外国人が日本の伝統技術を体験したり、後継者問題なども、テレビは高い関心を持っています。

⑩**元気や活力を与えるもの**……利害関係がなく、視聴者を笑顔にできるような情報であれば、これに該当します。

⑪**リンク（全国・世界へ情報発信）**……全国・世界へ情報を発信するようなもの。日本人が海外で頑張っている、世界を相手に成果を出しているといったものが該当します。

⑫**文化変革（世界観・世代間ギャップを変える）**……世の中の価値観や考え方を変えるようなものです。例えば、若者文化であったり、言葉の違い、独特のファッションなども含まれます。

⑬**裏方に光を当てる**……縁の下の力持ちではありませんが、普段は注目されない裏方にスポットライトを当てるのが日本人は大好きです。そこから、新たな情報を知り、理解を深めていくことになります。

⑭**コラボレーション（行政・高齢者・女性など）**……普通では思いもつかない人と一緒に何かをしたり、行政や地域と組んで社会貢献につながるような活動をするというのも、話題性があります。

⑮**旬・逆旬**……旬はその時季のまさしく旬です。逆旬は、実際の旬とは逆の時季でも成果が出ている、効果を出している、そんなものもあると思います。夏なのに使い捨てカイロが売れるとか、冬なのに扇風機が売れるといったようなものです。

　この「プレスリリースネタ15の切り口」を押さえれば、テレビに取り上げられる確率も高くなります。
　そして、あなたの商品やサービス、あなた自身の価値を高めてくれます。ぜひ意識してみてください。

プレスリリース15の切り口を効果的に使って、あなたの商品・サービスの価値を高めましょう。

取材されやすいキーワード「かきくけこ」

次に**「取材してもらいやすいキーワード『かきくけこ』」**があります。これはテレビマンが自分たちの強みを最大限に活かすとしたら、どんなポイントを押さえた情報を提供してもらえたらうれしいか、簡単に番組づくりができるかということを考えたものです。早速、順番に見ていきましょう。

「か」……「かつてはこうだったが、今はこうである」

これは、よくある「ビフォーアフター」ですね。例えば「昔、白黒の写真ではこんな感じだったけれども、今はこういうふうに様変わりしてしまいました」というものです。

例えば、RIZAPのCMがそうですよね。ダイエット前は自信なさそうに立っているのに、「今はこうです」と、痩せた途端、堂々と胸を張ってポーズを取っています。

やはり、映像はビフォーアフターを見せやすいんです。**視聴者がわかりやすい形で2つのものを比較する**、これが取材してもらいやすいキーワードの"か"ということになります。

「き」……期待できる効果・夢・未来

あなたの商品・サービスを利用することによって、あなたと実際に触れ合うことによって、世の中はどんなふうによくなっていくのか、どんなメリットがあるのかを伝えることが大事です。

これは、5W5Hのところでもお伝えした「How in the future」ですね。それを映像を使ってイメージしてもらうということです。

「く」……苦労・工夫を伝える

華やかな成功の陰には、頑張っている人がいたり、努力した人がいたり、裏方がいたり、必ず携わっている人がいます。そういう人にスポットライ

トを当てるものです。表ではなくて裏側にスポットライトを当てるようなものをテレビは好みます。

視聴者が普段、見ることのできない人や場所を映像で観ることによって、物事の裏側を知ることができるため、そのような現場に潜入する番組が高視聴率を上げています。

「け」……「結局こういうこと」というわかりやすさ

映像を使うということは、「わかりやすさを伝える」ことにつながります。例えば、「アフリカの子どもに、靴紐の結び方を教えてください」と言われたら、あなたは、どうしますか？

あなたが今すぐにアフリカに飛んで行くことはできませんよね。そうした場合、動画で伝えるのが一番効果的です。しかも、それを靴の反対側から見せるのではなくて、靴紐を結んでいる人と同じ目線で見せてあげることが非常に大切なのです。それができるのが映像の優れているところです。

「こ」……「こんなところにも影響」「ここまでやるの？」

つまり、意外性を伝えるようなものです。

よく、「風が吹けば、桶屋が儲かる」と言います。では、何が「風」で、何が「桶屋」なんでしょうか？　あなたのビジネスは、そのうちのどこに当てはまるのでしょうか？

例えば、今年の夏は暑かったから、あなたのビジネスが儲かったとします。そのあなたのビジネスが、「かき氷屋さん」だったらどうでしょう。意外性はないですよね。でも、あなたのビジネスが、「もつ鍋屋さん」だったらどうでしょう？　これは意外性があります。暑いのになぜもつ鍋が売れたのか、ということになるので、そこを分析すればテレビに取材されやすくなります。

テレビの特徴を活かした取材されやすいキーワード「かきくけこ」を押さえることがテレビ出演への近道です。

組み合わせでテレビ取材を獲得する

「ミルフィーユ方式」の番組づくり

　ここまでは、あなたがテレビに取り上げられるためには、どのようなことを伝えればいいか、ということを紹介してきました。
　ただ、もし、あなたが「自分のビジネスだけでテレビに取り上げられることはむずかしいのではないか」と思った場合には、**ニュースのつくり方についても知っていただきたい**と思います。

　ニュースや情報番組は、ストレートニュースと呼ばれる単発のニュースや、生中継や企画・特集といったもので構成されています。
　その中の多くのニュースは、実は複数の情報を集めたり、**同じテーマのもとに複数企業の取材をして、番組ができているケースが多い**ことに気がつくはずです。この複数の情報を組み合わせてつくる方法を、私は「ミルフィーユ方式」と呼んでいます。
　ミルフィーユというお菓子がありますが、その語源は「1000枚の葉っぱを組み合わせた」ということです。つまり積み重ねるという意味です。ミルフィーユ方式は、1つのニュースを成立させるために、いろいろな要素を積み重ねて入れているのです。

　例えば、台風中継。台風中継はこんな構成で番組が進行します。
　①スタジオでキャスターが今回の台風の状況を伝えます。
　②これまでの被害についてまとめ、注意を呼びかけます。
　③VTRでこれまでのドキュメントとして、吹き飛ばされそうになっている人、冠水している家といった映像を流します。
　④中継で、今の河川の氾濫の様子をリポーターが中継します。
　⑤各交通網の様子が伝えられます。「新宿駅の○○さん」といった呼び

かけがあって、注目度の高い交通機関がリポートされます。
⑥スタジオで気象予報士の解説があり、今後の予想をします。
⑦キャスターが再度注意を呼びかけて終わります。

　実際に１つの台風のネタを放送するときには、このように７個の内容を組み合わせて、番組がつくられます。
　ということは、「暑い夏」とか「寒波到来」というようにテーマが変わっても、６つから７つの要素を組み合わせて番組がつくられるケースがほとんどだということです。

自分のビジネスが当てはまる場面はどこにあるか？

　その場合に、６つから７つの場面の中に、「あなたのビジネスが当てはまる場面はどこにあるか」を考えることも、１つの方法です。実際にそのような視点でニュースや情報番組を観てください。
　ミルフィーユ方式がとくに向いているのは、季節感があるビジネスをしている人や、他の人の客観的証拠を補うことのできる専門家、権威者、コメンテーターなどです。そしてもう１つは、地方自治体、行政に関するビジネスをしている人です。
　公的機関の取り組みについては、テレビは、実際に効果が出ている民間の声を取材する傾向にあります。ですから、その公の取り組みの実績として、取材を受けるというのも効果があります。
　そして、このミルフィーユ方式の特徴なのですが、このタイプの番組は、毎年毎年繰り返されます。１回ここで放送されると、来年も再来年もあなたのところにテレビ取材が舞い込んでくる可能性が高いのです。単独でなくても、十分テレビに取り上げられた恩恵を受けることができます。

ミルフィーユ方式のテレビ番組出演でも、テレビ効果を十分受けることができます。

一番大切なのは「あなたの想い」

プレスリリース失敗の3つのパターン

　ここでは、プレスリリースで成功するケースと失敗するケースについて、比較しながらまとめていきましょう。

　まずは失敗する3パターンを挙げてみます。
　1つ目は、プレスリリースのタイトルのつけ方のところでもお伝えしましたが、**売り込みの要素が強いもの**ですね。「とにかく買ってくれ買ってくれ」「来てくれ」といった売り込みに対しては、テレビも嫌気がさしています。最初から読む気をなくしてしまうので、すぐにゴミ箱行きです。

　2つ目は、**他社の批判要素が強いもの**です。「ほかの会社は悪くて、うちの会社はいい」という表現は好ましくありません。批判している会社がスポンサーというケースもあるからです。炎上商法（世間に注目されることで売上や知名度を伸ばすマーケティング手法）なども、同じ理由でうまくいきません。

　3つ目は、**価格や機能といった内容ばかりが書いてあるもの**です。
　例えば、カメラの宣伝をしてほしいというプレスリリースがあったとします。しかし、「カメラがひと回りコンパクトになって新発売されました。今まで350グラムあったのが320グラムになりました」というのでは、テレビで伝える意味がありません。
　それよりも、「新製品のカメラを使えばどのようなことができるのか」というほうを知りたいのです。
　商品に自信がある人ほど、価格とか機能といった内容にこだわる傾向があるので、注意してください。

成功するプレスリリース３つの要素

　一方で成功するプレスリリースはどういうものかと言うと、次の３つの要素をしっかり押さえているものです。

①「誰が」……誰がというのは、やはり「あなたが」ということになります。
②「どんな想いで」……5W5Hで言えば「Why」ですね。
③「誰のために」……誰に向けてつくった商品・サービス・会社なのでしょうか。

　これが明確に記されているプレスリリースは、テレビも取り上げやすいですし、テレビマンも取材に行きたいという思いが出てくるので、しっかりと押さえてください。

　手のかかる子かわいいと言います。やはり手間をかけたプレスリリースはあなた自身もかわいいと思うでしょうし、テレビマンも愛おしく思ってくれるのです。
　そのためには、プレスリリースを作成する手間をかけることも大事ですし、テレビマンの気持ちを思いやって書くことも大事です。
　プレスリリースの作法とコツをつかんだうえで、しっかり地道な努力をすれば必ず報われるのがプレスリリースなので、まずは書いてみることからスタートしましょう。

Point　あなたの「熱い想い」は必ずテレビマンに伝わります。作法を踏まえて想いをぶつけましょう。

プレスリリースの Before → After

　あなたは、ここまで本書を読んできて、プレスリリースを書くための知識は十分手に入れました。しかし、実際にどのように書いたらいいのかわからない、という人もいるかもしれません。

　ここでは、プレスリリースを初めて書いた人がどのようなプレスリリースを書いて、**練習をすることによって、どのようなプレスリリースを書くことができるようになるのか**、Before → After を見ていただきます。

　あなたも何度か練習すれば、このようなプレスリリースが書けるようになります。

プレスリリース「Before → After」のケース

①障がい者支援事業所開設に関するプレスリリース（126・127ページ）

　まず最初のケースは、障がい者支援事業所の新規開設を伝えるためのプレスリリースです。このプレスリリースの目的は、地域の人に広く存在を知らせることによる**集客・売上アップと、従業員の採用**でした。

　このケースでとくに工夫したのは、**経営者自身の経験をプレスリリースに入れた**ことです。「親戚の家族が苦しんでいたのを見て、そのような経験をさせたくないから障がい者支援をしている」というメッセージを入れました。

　経営者の山本さんは、「プレスリリースを書くことで、自分の使命感が整理できて、仲間に想いを堂々と伝えられるようになりました。当初3人でスタートさせた事業所でしたが、8カ月後の今は従業員が30人になりました。さらに事業所を増やす方向で進めています」と話してくれました。

125

Before

> タイトルはこれで目を引くでしょうか？

> この内容でテレビマンは、興味を持つでしょうか？

プレスリリース
三重テレビ
担当者様

２０１６年３月１６日
ステップアップわかば
代表　山本佳紀

就労継続支援A型事務所開設のお知らせ

＊＊＊＊＊＊＊＊＊＊＊＊＊＊＊＊＊＊＊＊＊＊＊＊＊＊＊＊＊＊＊＊

　ステップアップわかば（〒510-0833 三重県四日市市中川原3丁目2-31 代表 山本佳紀）は、２０１６年４月１日に三重県初となる、障がい者施設で整体業務を取り入れた就労継続支援A型事業所を開設します。

＊＊＊＊＊＊＊＊＊＊＊＊＊＊＊＊＊＊＊＊＊＊＊＊＊＊＊＊＊＊＊＊

　就労継続支援A型とは、一般企業などで就労することが困難な障がい者に、雇用契約に基づく就労の機会を提供し、事業所での作業を通じて、知識能力の向上を図り一般就労に向けた支援を行うことです。現状の就労継続支援A型事業所での支援内容では、一般就労に繋がる為の知識能力の向上と言い難い業務と見受けられます。当事業所は、一般就労に繋げる取組として三重県初となる整体業務を取入れ、実際に一般客相手の店舗運営をしていくことで接客・会計・施術と知識能力の向上が図れて、より一般就労へ繋がる事が可能です。

＊＊＊＊＊＊＊＊＊＊＊＊＊＊＊＊＊＊＊＊＊＊＊＊＊＊＊＊＊＊＊＊

　家族に障がい者の方がいる家庭の両親は、将来誰が世話をしていくのか不安に感じている事が多いですが、一般就労へ繋がる支援取組によって、将来的に自立して生活することが実現可能です。障がい者の方が一般社会で、より多く活躍することによって、家族に障がい児のいる家庭の両親も不安が解消された育児ができると考えています。

＊＊＊＊＊＊＊＊＊＊＊＊＊＊＊＊＊＊＊＊＊＊＊＊＊＊＊＊＊＊＊＊

　当事業所へ取材にお越しいただいた場合には、実際に整体の施術を体験して頂くことや、お客様に施術についての感想等のインタビューをして頂くことが可能です。

＊＊＊＊＊＊＊＊＊＊＊＊＊＊＊＊＊＊＊＊＊＊＊＊＊＊＊＊＊＊＊＊

【内覧会のお知らせ】
　場所：ステップアップわかば
　日時：２０１６年３月２８日（月）－２０１６年３月３０日（水）１０：００－１７：００

＊＊＊＊＊＊＊＊＊＊＊＊＊＊＊＊＊＊＊＊＊＊＊＊＊＊＊＊＊＊＊＊

ステップアップわかば　担当：代表　山本　佳紀（ヤマモト　ヨシキ）
三重県四日市市中川原３丁目２－３１
TEL：059-336-5407　FAX：059-336-5408
携帯：090-××××-××××　E-mail：×××××××@gmail.com

> 実際の経験・想いをもっと効果的に表現できないでしょうか？

After

> 「三重県初」を出すことで、テレビが取り上げる理由ができました

> 背景を示すデータを明示しました

プレスリリース
三重テレビ放送　御中

２０１６年３月１６日
ステップアップわかば
代表　山本佳紀

【三重県初】障がい者が整体サービスを行う「就労継続支援Ａ型事業所」を開設

＊＊＊＊＊＊＊＊＊＊＊＊＊＊＊＊＊＊＊＊＊＊＊＊＊＊＊＊＊＊＊＊＊＊＊
　障がい者の一般就労に向けた支援を行っているステップアップわかば（代表 山本佳紀）は、２０１６年４月１日（金）、四日市市中川原3丁目に就労継続支援Ａ型事業所「ステップアップわかば」を開設します。障がい者が従事する職務として、整体サービスを取り入れた事業所の開設は、三重県初となります。
＊＊＊＊＊＊＊＊＊＊＊＊＊＊＊＊＊＊＊＊＊＊＊＊＊＊＊＊＊＊＊＊＊＊＊
　就労継続支援Ａ型では、事業者が、一般企業などで就労することが困難な障がい者と雇用契約を結び、就労の機会を提供します。そして、作業を通じて、知識能力の向上をサポートするとともに、健常者と変わらないレベルでの指導を行い、一般就労に向けた支援をしていきます。
　就労継続支援Ａ型事業所は、行政の働きかけもあり、２０１６年３月現在、全国で2,623か所、三重県内でも66か所開設されています。（2015年7月厚生労働省・三重県健康福祉部データより）ただ、従事者が障がいを持っているということから、多くの事業所での支援内容では、「仕事の具体例」などがほとんどで、一般就労に繋がるとは言い難いのが現状です。
　当事業所は、①実際の施術を通じて、整体の技術力を向上させる　②接客時間の長い整体の業務に関わることで、接客に対して学び、自信を深めてもらう　③地域の高齢化や健康増進に伴い、整体を必要としている人に、十分な需要・サービスを提供する　という3つのビジョンのもと、三重県初となる整体業務で障がい者の雇用をサポートしていきたいと考えています。当初は数人の雇用からスタートしますが、十分な教育・サポートができる体制を整えながら、増員していく予定です。
　家族に障がい者がいる家庭の両親は、「将来誰が世話をしていくのか」常に不安に感じています。特に親が高齢になった場合、その傾向は顕著に現れます。今後就労継続支援Ａ型事業所が増え、一般就労へ繋がる支援取組ができるようになれば、将来的には障がい者というレッテルではなく、専門家という立場で、自立して生活することが実現可能になります。障がいを持った人間が一般社会でより多く活躍することによって、彼らに自信と希望を与えることのできる世の中を作り出すのが、私たちの願いです。同時に、その出発点をここ三重県にできればと思い、活動しております。
＊＊＊＊＊＊＊＊＊＊＊＊＊＊＊＊＊＊＊＊＊＊＊＊＊＊＊＊＊＊＊＊＊＊＊
　当事業所では、障がい者がお客さまに施術するための教育を一から指導しております。中には口がきけない、耳が聴こえないなどの社員もいますので、コミュニケーションの取り方・接客に対しては、健常者の何倍もの時間をかけて、できるまで、わかるまで、指導を行っています。取材にお越しいただいた場合には、その指導の様子はもちろん、実際に整体の施術を体験して頂くことが可能です。一生懸命で、ひたむきで、笑顔あふれる彼らの表情を映像に収めて頂けたらと思います。他にも、施術を受けたお客さまに感想等のインタビューをして頂くことも可能です。
＊＊＊＊＊＊＊＊＊＊＊＊＊＊＊＊＊＊＊＊＊＊＊＊＊＊＊＊＊＊＊＊＊＊＊
【内覧会のお知らせ】日時：２０１６年３月28日（月）、29日（火）、30日（水）各日10：００-17：００
　　場所：ステップアップわかば　住所：三重県四日市市中川原3丁目2-31　（駐車場完備）
＊＊＊＊＊＊＊＊＊＊＊＊＊＊＊＊＊＊＊＊＊＊＊＊＊＊＊＊＊＊＊＊＊＊＊
　ステップアップわかば　担当：代表　山本　佳紀（ヤマモト　ヨシキ）
　三重県四日市市中川原3丁目2-31　　TEL：059-336-5407　　FAX：059-336-5408
　携帯：090-××××-××××　　E-mail：××××××××@gmail.com

> より、想いが伝わるようになりました

> 取材するメディアに配慮しています

> 指導風景など、写真を入れましょう

> むずかしい事業内容を、3つのポイントで整理しました

Before

タイトルで内容が理解できますか？

一方的に書きたい内容を羅列していませんか？

子育て塾ＨＵＧ

【リード文】
　初めて子育てをするママのそばに経験豊富なベテランが寄り添い支援出来たら子育ては楽しくなります。「やらせよう」とか、「言う事を聞かせよう」と思って命令してもだめです。教えようとしてもだめです。子供に「どうしてほしいのか？」「どのようにいたらいいのか？」などの手本を示さないから、わからない。やらないのです。教えようとすると、上下関係になって楽しくならない。と同じ立ち位置に立つだけで　解決する簡単な方法があります。子育てするママの心が楽になる方法があります。

【本文】
　私は２５年間幼児教室をしながら母親教室もしてきました。延べ20,000人のママを支援してきました。ママが勉強したことを家に帰って子供に実践すると、「今まで嫌がっていたのにやってくれました」「私の心が軽くなりました、ニコニコ顔が増えたので子供も嬉しそうです」と今で子育てに悩んでいたママに喜んでいただいています。
　ですが私も多くのママ同様、はじめは子育てに悩みました。うちは年子がいるのです。年子の育て方を書いてある書籍は30年前ありませんでした。今はネットで調べられるかもしれません。
　私自身が凄く疲れてきて　泣く子を思わず床にたたきつけたくなったこともありました。運よく思いとどまった時ニュースで聞くような事件は母が疲れきって衝動的に起こしてしまう　のだなぁと実感しました。「私はなぜ、自分がイライラするのかな？」「なぜ一生懸命教えているのに覚えてくれないのかなぁ？」と原因を考えるようになりました。そうしたらわかったのです。まず、「教えようとするから覚えない」のです。教えたいことを遊びにしたら　あっという間に１歳児でもいろいろ覚え始めました。２歳で手紙を書けるようになりました。（証拠写真あります）聞き分けもよく、やさしいきょうだいなかも良いのです。当時どうやって育てたの?とよくママ友に聞かれました。この経験をもとに幼児教室を開き母親教室も開いていました。
　　家でどうやって遊んでいるのですか？と頻繁にママ達から聞かれるので　遊んだ内容を書いた書籍も2014年に出版しました。パブラボ出版「知育おもちゃのつくり方＆あそび方」手作りにこだわってほしいと出版社の要望で空き箱を利用して作るおもちゃが掲載されています。これで遊ぶのは、１回たった10秒でも大丈夫です。楽しいので10秒以上やってと子供に言われます。
　また、育てるコツの一つに一言付け加えるというのがあります。おやつの時に一言足すだけで分数も理解できてしまいます。遊びのコツは、「楽しそうにやって、回数を多くする」ことだけ。子供が出来ないときは、「なぜ？」を考えると解決方法がわかります。
　ママが子育てのコツを身につければ　親子で笑顔になります。子供は元々持っている可能性をさらに大きくできます。記憶力や理解力も小さいうちに自然と鍛えているので教育にもお金をかける必要がなくなります。学習塾にお金がかからず経済的にも助かります。　親が家庭での子供の遊ばせ方、生活の中での良い言葉かけを知って子育てを楽しむ人を増やしたい、その手伝いをしたいです。
　自分に自信を持った子供が増え、世界で活躍してくれたらうれしいです。これは私の夢です。

【まとめ】
　子供とのかかわり方、教えなくても子供から興味を持って「もっとやって」と言わせる遊び方をママが身につけましょう。子育てが楽しいものに変わると同時に子供の能力は格段にアップします。
　そのお手伝いを多くの初めての子育てをするママにすることが私の夢です。

【必殺の1文】
　ママ塾にすでに参加しているママ達にインタビューできます。おもちゃの1つお楽しい動画もこちらからご覧いただけます。ＵＲＬ：＊＊＊＊＊

取材に来てもらう内容になっていますか？

After

> リサイクルをテーマにすることで、目的が明確になりました

> 「記念日」でメディアが取り上げる理由が明確になりました

ティッシュペーパーの箱が、リサイクルで知育おもちゃに大変身！
―10月20日（木）リサイクルの日を前に「NINJA BOX」のつくりかたを紹介―

　子育て塾HUG（中野区東中野4－13－1　代表　椎名寛依）は、子育てが辛いと悩んでいる新米ママに、子どもとのかかわり方や接しかたを指導する塾です。数ある講座の中でも、各家庭にある身近なモノを使って、簡単にできる、おもちゃ作りの講座が人気です。今回は、10月20日のリサイクルの日を前に、使い終わったティッシュペーパーの箱があれば作ることができる知育おもちゃ、「NINJA BOX」（ニンジャ ボックス）を紹介します。

==

「NINJA BOX」は、子どもが楽しみながら、言葉や単語を覚えることができる、知育おもちゃです。ティッシュペーパーの空き箱の中にカードを入れると、箱のなかでカードが裏表反対になって出てくる様子が忍術のようであることから、「NINJA BOX」と名づけました。

　カードの表と裏は、「日本語と英語」「平仮名と漢字」「計算式と答え」のように、様々なバリエーションで作成することができますので、内容を工夫すれば、1歳、2歳といった子どもから、受験生、もしくはビジネスで資格取得の勉強をされているお父さんお母さんにも活用していただくことができます。更には、高齢者の痴呆予防にも活用していただくことができます。また、「NINJA BOX」は製作するのに10分程度の時間しかからず、使い終わったティッシュペーパーの箱を使うなど、特別な道具を用意しなくても良い手軽さも魅力です。
　是非、リサイクルでカンタンにできる知育おもちゃ、「NINJA BOX」を知っていただければ幸いです。
「NINJA BOX」の動画は、こちらからご覧いただけます。
　https://www.youtube.com/watch?v=hcAkKC-T-qE
　実際に取材にお越しいただける場合は、子どもたちがママと一緒に「NINJA BOX」を作る様子、遊ぶ様子を撮影していただく事が可能です。インタビューしていただくことも可能です。また、実際に「NINJA BOX」の製作を体験していただいて、是非、完成品をお持ち帰り頂ければと思います。

==

　私はこれまで25年間、子育て中のママ、20,000人以上と関わってきました。今でこそ、幼児教育の専門家として相談をお受けする立場ですが、かつての私は、自身の子育てでは、もう少しでわが子を虐待してしまうところまで追い詰められました。一瞬悪魔が「この子がいなければ楽になるよ」と私にささやくのです。しかし、自身が学ぶうちに大事なことがわかりました。それは、「声かけ」なのです。長男・長女の子育ては、誰でも初めての経験で不安です。同時に子どもも不安なのです。ママも子どもも、とにかく不安を取り除いて欲しいのです。その経験から、子育て塾HUGでは、「とにかく子どもに声をかけてあげてね」と指導するのと同時に、ママにも積極的に声をかけるようにしています。
　厚生労働省によりますと、2015年度は児童虐待の相談総数が初めて10万件を突破しました。
（厚生労働省HP　http://www.mhlw.go.jp/stf/houdou/0000132381.html）
　子育て塾HUGは、私が経験し、学んだことをもとに指導しています。ママが子どもとの接しかた、関わり方を理解できるだけでも心が軽くなり、子育ての悩みや虐待が減ります。「悪魔のささやき」を聞かずに、楽しく子育てのできるママを増やしていきたいと考えています。

> 実体験＋データで説得力UP！

> 写真があると、イメージしやすいです

②子育て塾のおもちゃづくりについてのプレスリリース（128・129ページ）

　次は、子育て塾のおもちゃづくりについてのプレスリリースです。

　プレスリリースの目的は、**知名度のアップと塾生の募集**です。はじめにプレスリリースを書いたときは、自分の想いが溢れすぎて、書けば書くほど、内容がまとまらない……というスパイラルに陥ってしまいました。

　そこで、テレビが伝えたくなるように「今日は何の日」の要素を入れて書いています。ここでは毎年10月20日が**「リサイクルの日」**ということで、ティッシュボックスを使った知育おもちゃづくりについての情報を提供しています。

　掲載したプレスリリースを実際に読んで、気がついた人もいるかもしれませんが、**ポイントは統計・データを入れること**です。

　テレビマンは、社会貢献が考え方の軸であるということをお伝えしました。そのため、現在の世の中がどうなのか、そしてその状況にどう貢献できるのか、という図式が必要となります。

　現状を伝えるには、客観的な分析やデータが不可欠です。そのデータをあらかじめ準備して、提示することが必要です。そして「How in the future」で、世の中への貢献について語るのです。

　「How in the future」の部分は、例えば「ガイアの夜明け」や「カンブリア宮殿」といった経済について伝える番組では、想いの言葉の他に「経済効果」について数値で示す必要があります。番組の特色に合わせた伝え方が必要だということです。

こんなプレスリリースもある

　次に、こんな情報もプレスリリースとして出すことができるという実例を紹介しましょう。

①現代美術家が展示会開催を告知するプレスリリース（131ページ）

　「動物愛護週間」に合わせて個展の開催をしたときのプレスリリースです。

① 　　　　「記念日」を入れました

Press Release　　　　　　　　　　　　　　　　　平成27年9月14日
報道関係者各位　　　　　　　　　　　　　　　　　　　　　和田画廊

動物愛護週間：墨の模様に潜む動物の絵画展示会開催
期間限定、動物絵画のポストカードを販売

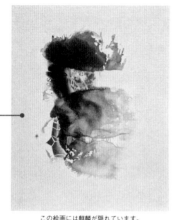

この絵画には麒麟が隠れています。

墨という古典的画材を用いて現代美術の可能性に挑戦してきた新進気鋭のアーティスト、サイトウ・ミキが<u>9月15日より和田画廊で個展を開催</u>しています。彼女の動物の絵は全米アートコンペでも最優秀賞の高い評価を得、今回はその新作を展示すると同時に、<u>動物愛護週間期間限定</u>のポストカードも販売致します。また、<u>9月26日にアーティスト・トークも開催</u>しますので是非お越しください。

サイトウ・ミキは、1985生まれ、兵庫県出身の美術家。全米若手アーティスト美術展での最優秀賞受賞や、多くの入選を果たしている期待の若手です。日本の伝統的墨流しの技法を取り入れ、独自に開発した「墨に潜む動物」シリーズは、「動物の優しい眼差しに心打たれる」や「雲を見て動物を想像した幼少期を思い出す」と評されています。昨年から日本で活動を開始。今年は、ANAインターコンチネンタルホテル東京での個展、麹町コレクションの２人展などを開催し、精力的に活動してきました。

　墨の中に浮かび上がる、不思議な表情を持つ動物達は、幻想と謎解きのような面白さを感じさせ、観る人によっては他の人に見えないものが見えたり、動物達の不思議な眼差しに思わず引き込まれてしまいます。幼い頃から動物をこよなく愛し、その気持ちを独創的な作品で表現した絵はまるで動物が何かを語りかけてきているかのような気持ちにさせられます。動物愛護週間と重なるこの時期に、ご来場者の方々に、改めて、動物達と対話する気持ちを彼女の絵を通して楽しんでいただけたらと思います。今回の展示に伴い、制作の裏話や絵に対する想いが聞けるようにと、9月26日にサイトウ・ミキのアーティスト・トークを準備していますので、是非お越しください。また、作品を気に入っても絵画はちょっと高くて買えないという方のために、動物愛護週間期間限定で作品のポストカードも販売致します。ポストカードの売り上げの一部は「NPO法人ツシマヤマネコを守る会」に寄付される予定です。

【サイトウ・ミキ「CelestialCrossing（天体の交差点）」展概要】
日時：9月15日（火）―10月03日（土）　時間：火～土11：00-18：30（日・月・祝　休廊）
会場：和田画廊　〒104-0028　東京都中央区八重洲2-9-8　近和ビル302
交通：東京メトロ　京橋駅徒歩1分　★開催中はどなたでも 入場無料 でご覧いただけます。

<本件に関するお問合せ・お申し込み先>
〒104-0028　東京都中央区八重洲▲-▲　TEL：03-××××-××××　担当：●●
E-mail：info@××××.com　　URL：http//××××.com

写真があると、イメージしやすいです

②

> 地域発信の情報は、「発」が効果的です

報道関係者各位
プレスリリース

2016年6月12日
パームトーンレコーズ

【京都発！】Jリーグ昇格へ　風よ、吹け!
BBガールズが「風のファンタジスタ」で地元アミティエSCを応援
―PVには人気FW岡本秀雄選手も出演―

今年4月に発売した当レーベル所属のBBガールズの3rdシングル「風のファンタジスタ」が、現在もラジオを中心にパワープレイがかかるなど、発売から2か月がたった今も、人気を集めています。

BBガールズは、抜群の歌唱力を誇る田嶋ゆか（タジ）と、洒落たフレーズを奏でるキーボードの万木嘉奈子（カナ）の二人組で、2013年7月に1stシングル「まだまだGIRLでいいかしら」でデビュー。

その後はfm GIG「まだまだGIRLでいいかしら」のパーソナリティを務めるなど、京都を中心に活動しています。

今回の「風のファンタジスタ」は初のサッカーをテーマにした楽曲で、「倒れてもまた立ち上がる強さ」を歌っています。現在、京都といえばJ2のクラブチーム「京都サンガF.C.」が有名ですが、関西サッカーリーグ（アマチュアリーグ）に所属するアミティエSCもJリーグ昇格を目指して奮闘中です。アミティエSCに念願のJリーグ昇格を果たしてほしい、この楽曲にはその思いが込められています。

BBガールズ
（左：田嶋ゆか　右：万木嘉奈子）

楽曲のプロモーションビデオ（PV）には、過去にJ2でのプレーを経験した、アミティエSCの人気FW岡本秀雄選手を起用。試合同様、華麗な技術を見せています。

ミュージシャンのPVにスポーツ選手を起用する例は多く、前回FIFA W杯のテーマソングを歌う歌姫シャキーラのシングル「ラ・ラ・ラ」には、メッシやネイマールといったスーパープレイヤーが登場。また、田中将大選手（現ヤンキース）はFUNKY MONKEY BABYSの「あとすこし」に登場するなど、観る人に夢と希望を与えています。

今回の「風のファンタジスタ」のPVも、京都で活躍するミュージシャンとサッカー選手がタッグを組み、観る人を勇気づける内容となっております。

京都に2チーム目のプロサッカーチームを誕生させるべく、今回の楽曲「風のファンタジスタ」を各メディアの皆様に応援頂ければ幸いです。また、取材・放送いただける際には、インタビュー・メッセージ・PV素材の提供など、ご要望により対応いたしますので、ご連絡ください。

お問い合わせ先
パームトーンレコーズ　広報部　担当：曽我（そが）未知子
Mail：soga@fm-gig.net　TEL：080-××××-××××

> 地元応援のメッセージも効果的です

> テレビに協力できることを具体的に明記しています

③

> 継続的な情報提供は「ニュースレター」として行なうのも効果的です

ニュースレター
プレスリリースご担当者様

> タイトルで足りない部分をサブタイトルでカバー。「業界初」

2015年11月25日
FP相談室 マネー&キャリア
代表 大内 優

ペットの困りごと相談サイト「ペット相談センター」開設

～ファイナンシャルプランナー（FP）業界初のペット特化型専門サイト～

> 「網掛け」で強調

FP相談室 マネー&キャリア（本店：千葉県船橋市夏見6-12-20-609 代表 大内 優）は、このほどペットに関する困り事相談サイト「ペット相談センター」を開設しました。ファイナンシャルプランナーがペットに特化した相談を受けるというサービスは、業界初です。

FP相談室マネー&キャリアは、昨年9月の開業後、家計や住宅ローンの見直し、資産運用などの相談業務を行ってきました。しかし、顧客が増えるにつれ、ペット絡みの相談が増えてきました。相談は「愛犬用のリフォーム工事を専門にしてくれる工務店を紹介してほしい」というものから、「愛犬と愛猫を転勤先に連れていくことができず、昇進を諦めた。自分が万が一のとき、ペットにお金を遺す方法を教えてほしい」というものまで、多岐に渡ります。

いずれの方もおっしゃるのが、「ペットのお金や健康、生きがい…全てを相談できる人が、周りにはいない」ということでした。
そのようなお客さまの声に応えるため、私たちは今回ペット相談センターの情報提供サイトを開設しました。このサイトでは、ペットの飼い主の役に立つ情報の提供はもちろん、ペットに関する困りごとを持つ飼い主は、パソコンでも対面でも相談できるのが特徴です。

私たちはこの活動を通じて、飼い主がペットとより深く向き合うことができ、ペットビジネスに関わる専門家が専門分野により注力し、高度で高満足なサービスを提供できるようになることを願っています。

今後もペット相談センターでは、実際に寄せられた相談の声を、可能な限りメディアの皆さまにお伝えしていければと考えております。そのなかで、興味を持たれたものについて、現代のペット事情として、是非取り上げていただければ幸いです。

〈本件に関するお問い合わせ〉
FP相談室 マネー&キャリア（ペット相談センター）
代表 大内 優（オオウチ ユウ）
TEL：0120-783-536　　携帯：090-××××-××××
FAX：047-413-0423　　E-mail：ouchi@money-career.jp
ペット相談センター HP：http://www.pet-consul.jp

> 「How in the future」で、目指す将来像を明記します

④

> 記念日を活用しています

> 「地域密着」の要素が入っています

プレスリリース
ひまわりネットワーク
じもサタ 番組ご担当者様

2015年10月20日
有限会社 小野田石材
代表取締役 小野田 大治

「いい石の日」に石臼を使った餅つき体験会を実施

　有限会社小野田石材（豊田市宮上町4-76 代表取締役 小野田 大治）は、11月14日（土）の「いい石の日」に、自社で製作した石臼を使っての餅つき体験会を実施いたします。

　毎年11月14日は「いい石の日」です。これは、「いい（11）石（14）」の語呂合せから、山梨県石材加工業協同組合が1992年に制定したものです。以来、弊社でも墓石で先祖を供養する文化を伝える日、石を加工する技術を知ってもらう日として活動をしています。今年は土曜日ということもあり、地域の方を招いて、石臼を使った餅つき体験会を実施いたします。

　この体験会では、地元の子どもたちや家族が幅60センチ高さ20センチの石臼で、きなこもちとしょうゆもち、合わせて6キログラム、100食分をつき上げます。

　弊社は今年で創業70年、私で3代続く石材店ですが、先代が経営していたおよそ25年前にも、貴局に石臼を使った餅つきの取材をしていただきました。私は当時まだ学生でしたが、父が地元のテレビ局に取り上げていただいたのを見て、誇らしい気分になったのを覚えています。そこで、今の地域の表情を、地域の活動を応援する番組「じもサタ」でも取り上げていただければと思っています。

```
　　　　　　　～石臼を使った餅つき体験会～
日時：2015年11月14日（土）10：00-12：00
場所：有限会社小野田石材（〒471-0038 愛知県豊田市宮上町4-76）
内容：地域住民による石臼を使った餅つき体験
　　　 きなこもち・しょうゆもちの無料配布（限定100食）
```

　この餅つきを通じて、最近失われつつある古くからの日本の風習を、地域の子どもたちに伝えていきたいと考えています。また、みんなで力を合わせて餅をつくことで、粘り強く生きることや、家族の団結力を強めるきっかけになればと思います。
　取材にお越しいただければ、餅つきを体験して、つきたての餅を食べていただくことが可能です。弊社の餅つき臼はHP：http://www.onoishi.jp/sp/usu.htmlに掲載してあります。)

```
　　　　　　　〈本件に関するお問い合わせ〉
　有限会社小野田石材　担当：代表取締役 小野田 大治（オノダ ダイジ）
　　　TEL：0565-32-2427　　携帯：090-××××-××××
　　　FAX：0565-32-2519　　E-mail：info@onoishi.jp
```

> 動画で事前にイメージしてもらうようにしています

このケースは、「The Japan Times」に取り上げられています。

②ミュージシャンのロングヒットに関するプレスリリース（132ページ）

ミュージシャンの活躍の場を拡大させるために、プレスリリースを活用しました。実際にこのプレスリリースを地元テレビ局に持参したところ、その場で音楽番組への出演が決まりました。

③ペット相談のインターネットサイト開設のプレスリリース（133ページ）

これは私が手がけている、ペットに関するお金の相談を受けるサイトオープンの案内です。この記事がきっかけで、出版社から取材を受けています。

④石材会社の餅つきイベントのプレスリリース（134ページ）

地元で長年、愛されている石材会社のプレスリリースです。以前にケーブルテレビに取り上げられたことがあるので、テレビ局に保管されている素材を活かせると考え、文章を作成しました。

誰でも最初からプレスリリースをうまく書けるわけではありません。書けば書くほど、上達します。中小企業やフリーランスが書くプレスリリースは、自分自身の想いがメインになります。これは、大企業のホームページなどに掲載されているプレスリリースとはまったく異なるものです。

あなたの熱い想いを、力いっぱいぶつけることが大事なのです。

事例を参考にプレスリリースづくりにチャレンジしてみましょう。

変化はすぐに訪れる!

　ここまで、プレスリリースの書き方について説明してきました。プレスリリースは、テレビなどのメディアに取材してもらうときに書く取材依頼書・企画書であるということをお伝えしてきました。

　そのため、テレビに取り上げられないと意味がないと思われがちですが、実はそうではありません。準備を含めて、プレスリリースを作成することが、**ビジネスのブラッシュアップにつながる**のです。

　例えば、商品・サービスの魅せ方を考えることは、**あなたのビジネスの優位性を見つける**ことになります。営業をするうえでも、お客様に対してメリットをしっかり伝えることできるようになり、ファンが増えますし、成約につながりやすくなります。

　また、テレビに取り上げられるための切り口を見つけることは、世の中が必要としているものは何かをリサーチをすることにもつながり、今後の**商品開発や販路開拓に活かす**こともできます。

　そういう意味でも、プレスリリースを書くことで、テレビに取り上げられる前から新たなお客様ができたり、売上が上がるといった効果が出はじめます。

　その変化を楽しみながら、テレビに取り上げられるタイミングで、さらに上のステージを目指しましょう。

テレビに取り上げられる準備をすると、ビジネスの整理・しくみづくりにつながるので、すぐに効果が出はじめます。

6章

熱意と一緒に届ける メディアへの アプローチ方法

1 プレスリリースを書いてからが勝負！

　4・5章では、プレスリリースの書き方について、ノウハウ的な話をしました。しかし、プレスリリースを作成しただけでは、テレビに取り上げられることはありません。メディアに届けて、読んでもらって初めて、プレスリリースの意味があるのです。

　この先、テレビがあなたを取材することを決めて、取材を受けて、放送されて、売上を上げないといけません。

　そういう意味では、これからが勝負です。ここでまず、後半の6章から9章でお伝えする内容を一度整理しておきます。

[プレスリリース作成後の流れ]
①メディアコンタクト・アプローチ
②メディアからの問い合わせ・取材依頼
③取材対応準備
④取材対応（予告・告知）
⑤掲載・放送
⑥取材のお礼
⑦掲載記事・番組の二次利用
⑧見込客のファン化・リピーター化
⑨定期的なプレスリリース・情報提供の継続

　6章では、「①メディアコンタクト・アプローチ」についてまとめていきます。

> メディアの人に読んでもらって、初めてプレスリリースの意味があります。

【プレスリリース作成後の流れ】

①メディアコンタクト・アプローチ

⬇

②メディアからの問い合わせ・取材依頼

⬇

③取材対応準備

⬇

④取材対応(予告・告知)

⬇

⑤掲載・放送

⬇

⑥取材のお礼

⬇

⑦掲載記事・番組の二次利用

⬇

⑧見込客のファン化・リピーター化

⬇

⑨定期的なプレスリリース・情報提供の継続

2 メディアリストの
つくり方

まずは提出先を決める

　プレスリリースをメディアに取り上げてもらうには、まずはプレスリリースの提出先を決める必要があります。そのときに作成するのが、「メディアリスト」です。メディアリストを作成することで、現在のアプローチ状況が明確になります。また、アプローチ先を選んだ理由が明確になるので、そのメディアに取り上げられたいという気持ちが強くなり、取り組む意識も高まります。

　では、具体的なメディアリストの作成方法を説明していきましょう。

(1) 自分のターゲット【ペルソナ】に合った番組・コーナーを書き出す

　まず最初にしてほしいことは、自分のターゲットに合った番組・コーナーを書き出すことです。このときに3章でお伝えした「ペルソナ」が効果を発揮します。具体的には、

- ペルソナが実際に観ているメディア
- ペルソナのオピニオンリーダーが出演しているメディア

をピックアップすることです。

　ここでは、テレビに限らず、**メディアは新聞・雑誌・ラジオまで広げてください。**その理由は、どんなメディアであれ、取り上げられることによって、視聴者や読者が、あなたの商品やサービスのファンになってくれる可能性が高いからです。それと、取り上げられたメディアから派生して、テレビでも取り上げられる可能性が高いからです。

　まずはペルソナについて、上記の2つをチェックします。ペルソナが実際に観ているメディアは、ペルソナが実在する人であれば、直接聞いてみ

るといいでしょう。実在しなければ、設定に近い人にヒアリングしてみましょう。

メディアをピックアップした後で、そのメディアが視聴者からの声や、プレスリリースを受け付けてくれるかどうか、確認してください。

例えば、オピニオンリーダーが嵐であれば、同じバラエティ番組でも「嵐にしやがれ」は視聴者からの情報を求めていますが、「VS嵐」はプレスリリースの対象にならないことは、一度番組を視聴してみればわかります。

（2）番組を視聴し、プレスリリースを出すコーナーを把握する

プレスリリースを出すメディア・番組を決めたら、メディア研究に入ります。テレビであれば番組をじっくり視聴します。それぞれの番組には、決まったテンプレートがあって、それをもとに内容が構成されています。

内容には担当しているプロデューサーやディレクターのクセ（好き嫌い）が出やすいので、どんな話題が好きなのか、見てみましょう。毎日放送している番組であれば1週間、毎週1回放送されている番組であれば1カ月分を目安に、録画するなどして視聴しましょう。

その際、チェックすることは次の4つです。

①どのようなコーナーがあるか

プレスリリースの内容にどのような情報を入れるといいかがわかります。

②自分が取り上げてもらえそうなコーナーはあるか、視聴者からの情報を受け付けているか

連絡先（ホームページ・FAXなど）が紹介されていれば、メモしておきます。

③出演者は誰か

後で、手紙でアプローチする場合のキーパーソンになります。

④制作に関わっている人は誰か

エンドロール（番組最後に出てくる字幕テロップ）を確認して、制作会社・プロデューサー名を押さえておきます。

(3)リストにするメディア名をピックアップする

　番組を視聴して、その番組にプレスリリースが取り上げられそうなコーナーがあって、かつあなたがその番組に取り上げられたいと思ったら、その番組をピックアップして、リストに記入します。

　リストアップは、各メディア2～3つにします。つまり、テレビで2～3番組、雑誌で2～3誌という形です。そして、リストに優先順位をつけて、優先順位1位の番組から順にあたっていくことになります。

　ポイントは、**リストアップの数**です。最初から多めにせず、最高で8つまでにしましょう。あまり多くリストアップすると管理できなくなるだけでなく、一つひとつのメディアに対するアプローチも雑になってしまいます。

(4)会社(テレビ局などのメディア)の問い合わせ先を確認する

　リストアップした会社にアプローチするため、問い合わせ先を確認します。インターネット検索で、各メディアの情報（会社の住所・電話番号）を確認することができます。

　電話番号は、ホームページに載せていない場合は、「広報・マスコミハンドブックPR手帳」（公益財団法人日本パブリックリレーションズ協会。毎年11月に最新号が発行される）などで調べて、確認します。

(5)リストを作成・管理する

　(4)で調べた情報をもとに、メディアリストを作成します。メディアリストはメディアへの対応に漏れがないように、進捗状況を確認するためのツールです。そこでメディアリストには、次の10項目を盛り込むようにします。

①プレスリリースのタイトル
②プレスリリースを提出した日
③プレスリリースを提出した相手の名前
④プレスリリースへの手紙同封の有無（取材獲得率アップにつながる）

6章 熱意と一緒に届けるメディアへのアプローチ方法

【メディアリストの例】

	1	2	3	4
順位	1			
ジャンル	(例)テレビ			
会社名	テレビ東京			
番組名	WEB			
URL	tv-tokyo.co.jp			
TEL	5470-7777			
タイトル	知育おもちゃ NINJABOX			
送付日	10月1日			
送付相手	ハシモト			
手紙	有			
TEL日	10月5日			
TEL応対	ササキ			
手紙日	10月7日			
備考	好感触			
取材可否	○			
取材日	10/15 13:30〜			

⑤メディアに電話した日
⑥電話応対相手の名前
⑦確認・お礼の手紙を送った日
⑧その他、取ったアクションや感触等のメモ
⑨取材可否の連絡の有無
⑩取材予定日・時間

　そもそも、どのメディアが自分のビジネスに向いているのか、まったく見当がつかない場合は、**マスコミのマーケティングを活用する**という方法があります。
　1つは、広告代理店をはじめとするCMのマーケティングです。前にも説明しましたが、CMは男性・女性、どの年齢層をターゲットにするかによってCMの枠を考え、シフト表を作成しています。
　例えば、その番組のスポンサーやCMの内容に自動車やお酒が多ければ男性向け、化粧品が多ければ女性向けの番組です。そして商品の銘柄等によって、年齢層が分かれています。そうしたデータを利用すると効果的です。

　また、とくにターゲットが細分化しているのが雑誌です。前ページの表で、あなたのペルソナと照らし合わせてみてください。
　そして、あなたのターゲットが読む雑誌の内容をチェックしてみると、興味を持っているものやメディア、テレビ番組なども知ることができます。

【主な雑誌の男女比率と中心年齢】

	男性向け		女性向け	
	男性読者が70%超	男性読者が50-70%	女性読者が70%超	女性読者が50-70%
シニア (50歳〜)	週刊現代 山と渓谷 日経ビジネス 宝島	週刊文春 中央公論 おとなの週末 健康	女性自身 婦人公論 クロワッサン ソトコト	ゆほびか 壮快 潮 いぬのきもち AERA
ミドルエイジ (35-49歳)	PRESIDENT SPA! FRIDAY FLASH	dancyu SWITCH Tokyo Walker	with an・an Oggi FRaU STORY ESSE	ザテレビジョン Cut ねこのきもち
ヤングアダルト (25-34歳)	週刊少年ジャンプ POPEYE smart	ダ・ヴィンチ	JJ ViVi CanCam Ray BAILA MORE	たまごクラブ ひよこクラブ
ヤング (19-24歳)	Street Jack	FINEBOYS	Zipper non-no JELLY	TOKYO GRAFITI
ティーンズ (12-18歳)			nicola Seventeen Popteen	

『広告ビジネスに関わる人のメディアガイド2015』(博報堂DYメディアパートナーズ／編、宣伝会議)の【2014年雑誌ポジショニングマップ(男女比率と中心年齢)】をもとに作成

Point
メディアリストを作成して、取り上げられたいメディアに効率よくアプローチしていきましょう。

あなたのプレスリリースの提出先はここだ！

プレスリリースの提出先を探そう

　ここでは、あなたが覚えておきたいプレスリリースの提出先を、11個にまとめましたので、以下に挙げてみましょう。

[主なプレスリリースの提出先11]
　①テレビ局
　②新聞社
　③出版社
　④ラジオ局
　⑤制作会社
　⑥記者クラブ
　⑦広報紙（都道府県市区町村の広報課）
　⑧会報（商工会議所などの広報）
　⑨ネットニュース（大手・○○経済新聞）
　　→みんなの経済新聞ネットワーク
　⑩地域コミュニティ紙
　⑪業界紙

　①から④までは、**4大メディア**と呼ばれるところです。当然これらは、自分たちで取り上げる媒体を持っているので、その会社に直接、情報提供するという形を取ることができます。

　⑤は**制作会社**ですね。テレビの番組などを制作協力している会社のことです。番組で何を放送するかといった、企画を立てる制作会社にとっても、プレスリリースはありがたい情報源です。

⑥が**記者クラブ**。テレビや新聞などの記者が集まっているところを指します。詳しくは、次の項目で紹介します。

　⑦の**広報紙**も、プレスリリースの提出先になります。例えば、あなたがお住まいの都道府県とか市区町村で、広報紙を発行していますよね。その広報紙を見ると、地域住民向けのイベントの案内や、実施報告の記事が載っています。
　ほとんどは職員が見つけてきた情報ですが、一部の知っている人は、広報紙に載せてくださいと依頼をしています。あまり知られていないので、ここまでやっている人はなかなかいません。しかし、もしあなたが**地域住民の生活に役立つような情報を持っている**のであれば、広報紙へのプレスリリースは効果的です。

　また、広報紙に掲載された場合には、**自治体のホームページにイベント案内等で掲載される可能性もあります。**そこで相互リンクが張れるのであれば、SEO対策にもなります。
　SEO対策とは、インターネットで検索サイトを使った場合に、上位に表示されるようにすることを言います。当然、上位に表示されるとホームページなどのアクセス数も伸びるので、企業はお金をかけてSEO対策を業者に依頼しているのです。

　⑧は**会報**です。会報とは、商工会議所が発行している月刊誌です。商工会議所の理念は、地域振興と経営支援なので、商工会議所の会員企業にとって有益な情報だと判断した場合には、職員が取材をして取り上げてくれます。
　また、**商工会議所自体がテレビ局等のメディアの取材先にもなっている**ので、有益な情報であれば、テレビ局への橋渡しなどもしてくれます。ここもプレスリリースの提出先としては盲点です。

注目の「みんなの経済新聞ネットワーク」

⑨に**ネットニュース**というものがあります。まずはインターネットの検索エンジンですね。Yahoo!とかGoogleとか、そこで毎日のニュースをチェックしている人も多いかもしれませんが、あの記事の1つとして載せてもらうのです。

他のメディアで取り上げられたものを掲載しているケースが多いのですが、プレスリリースを送ることで、掲載してくれるメディアもあります。

そして今、注目なのが、**「みんなの経済新聞ネットワーク」**です。「みんなの経済新聞ネットワーク」は、地区ごとのイベントやサブカルチャー的なものを取り上げている、インターネットの情報提供サイトです。

ここに掲載されることによって、新聞やラジオ、テレビといったメディアへの出演につながるケースが増えます。

「みんなの経済新聞ネットワーク」は、その地区ごとに運営会社があります。広告代理店が運営していたり、印刷会社が経営していたり、地区によって異なります。あなたが生活している地区・ビジネスをしている地区に「みんなの経済新聞ネットワーク」があるかどうかは、「みんなの経済新聞」(http://minkei.net/)で検索してみてください。

⑩は**地域のコミュニティ紙**ですね。あなたの商品やサービスが、地域限定のもの、もしくは商圏が限定的なものならば、全国放送などの大きなメディアに取り上げられるよりも、効果的なケースがあります。

最後の⑪が**業界紙**です。業界向けのBtoBのビジネスをしている場合、業界内での地位を上昇させたい場合などに効果的です。

11のプレスリリース提出先の中から、あなたに合ったものをピックアップしてアプローチしてみましょう。

テレビ局への営業は「正面突破・正攻法」で

手っ取り早いのが「記者クラブ」を活用すること

　次に、プレスリリースをはじめとする、あなたの**「想いの届け方」**をお伝えします。これからご紹介する5つが主な届け方になりますが、いずれも特別なコネクションやルートは必要ありません。「正面突破・正攻法」で成果が出ます。

　まず1つ目は**「記者クラブへの投げ込み」**です。
　そもそも記者クラブという言葉をご存じでしょうか？　あまりなじみのない言葉かもしれません。ひと言で言うと、「マスコミの記者が取材活動を継続するために必要な拠点」が記者クラブです。
　この記者クラブは、全国の都道府県であれば県庁、あるいは市町村の役所・役場、警察本部、商工会議所など、継続取材が必要とされる組織の建物内に置かれています。
　あなたがメディアに伝えてほしい情報があれば、記者クラブに投げ込みをするのがもっとも簡単な方法です。事前に電話などでアポイントを取り、予約して訪問すれば、投げ込みの形で情報を提供することができます。記者会見という形で説明会を開くこともできます。
　インターネットなどで、**「地名＿記者クラブ」**で検索すれば、場所と連絡先がわかります。
　記者クラブは、マスコミ各社が担当を持ち回りで運営していて、運営当番の会社を「幹事社」と言います。幹事社は記者クラブごとのルールで定められていて、毎月もしくは2カ月に一度交代するケースがほとんどです。
　プレスリリースによる情報提供をする場合は、**幹事社にアポイントを取る**ことで、訪問が許可されます。

記者クラブ訪問の注意点

　記者クラブを訪問する場合、2つ注意点があります。1つは、それぞれの記者クラブごとにルールが違うことです。例えば、東京都庁記者クラブの場合、幹事社に電話でアポイントを取るだけで訪問することが可能です。しかし名古屋経済記者クラブは、「48時間ルール」というものがあって、プレスリリースを持って訪問する48時間前までに、書面を提出して許可を受けなければ訪問できません。

　ですので、あなたが記者クラブを訪問する場合は、事前にチェックしておく必要があります。

　もう1つは、記者クラブ内では、**加盟社への一律平等の情報提供**が原則になります。「私は○○テレビには情報を提供したいけれども、△△新聞には情報を提供したくない」といったことは、どんな理由であれ、まかり通らないのです。記者クラブを訪問する際には、電話で幹事社にアポイントを取った際に、「何部お持ちすればよろしいですか」と忘れずに確認してから、その部数を持参してください。

　記者クラブを訪問するメリットは、実際に記者に会うことができるので、直接コミュニケーションを取ることが可能だということです。ただ、日中は取材などで不在の場合も多いので、定期的に訪問してベストタイムを探し当ててください。

テレビ局を直接、訪問して依頼・説明しよう

　2つ目から4つ目までは、一気に説明します。
「E-mailで送る方法」「FAXで送る方法」「Webサイトから送る方法」ですね。いずれもテレビ局のホームページを見ると、ごく一般的な方法です。しかし、これら方法は、私はお勧めしていません。

　その理由は、いずれも種々雑多なプレスリリースと一緒の扱いをされてしまう、というところにあります。

当然ですが、あなたのプレスリリースは特別扱いしてほしいですよね。特別扱いされるには、**特別扱いされる届け方をしないといけない**のです。

では、特別扱いされるプレスリリースとは、どうやって届けるのか。それが5つ目の、**会社を直接訪問して直接説明・取材依頼をする方法**です。

ただ、セキュリティの問題等もあって、テレビ局に飛び込み訪問するのはほとんどの場合、無謀です。こちらも記者クラブ同様、電話でアポイントを取ってから訪問します。

その場合、まずはテレビ局の代表電話に電話します。すると、「FAX、E-mail、またはWebサイトでプレスリリースを受け付けているので、そちらでお願いします」と門前払いされる可能性が高いのです（門前払いされない方法は、次項で詳しく説明しますので、しばらくお待ちください）。

ただ、ここで注目してほしいのは、**「代表電話にかける」**ということです。よく「電話するにしても、ディレクターやプロデューサー、部署専用の番号を知らないと意味がないよ」と言うPR会社もありますが、特別な番号は知らなくて大丈夫です。

代表の電話番号はホームページを調べれば載っています。タウンページにも載っています。そこで調べて電話をかけるのです。それで、「プレスリリースを持参したいのですが……」とアポイントを取ってみてください。

記者クラブを訪問する場合もそうですが、マスコミの人間と仲よくなりたい、いい関係を構築したいと思ったら、「対面にこだわる」ことがとても大事です。

テレビマンは自分の目で見て、自分の耳で聞いた情報を信用したいのです。これは自らの取材スタイルと重なるところがあります。アナログかもしれませんが、それがもっとも効果的な方法です。

テレビへのアプローチは特別なコネなど必要ありません。正々堂々と想いを伝えましょう。

テレビ局への電話のかけ方

とにかく代表番号にかけましょう

　前項でちょっともったいぶってしまいましたが、ここでテレビ局への電話のかけ方を紹介しましょう。

　まず、テレビ局に電話をかけると言っても、どこにかけたらいいのかわからない、とおっしゃる人が多いかもしれません。これは、前項でも言ったように**代表番号にかければいいのです。**

　あなたが取り上げてほしいと希望する番組の直通番号は、インターネット等で調べても、ほとんどの場合、載っていません。ですので、テレビ局の代表の番号に電話をかけます。

　テレビ局の代表番号に電話をかけると、受付の女性が電話に出て応対してくれます。ここであなたの用件を聞かれます。「情報提供」や「プレスリリースを送りたい」と伝えると、ほとんどの場合は、「ホームページで検索してください」、もしくは「FAX、Web、または郵送でお送りください」と伝えられて、電話は終わります。

　また、「○○番組の担当者様をお願いします」と言うと、「どのようなご用件ですか？」、あるいは「以前にお問い合わせしたことありますか？」と聞かれ、面識がなければ、先ほどと同じ回答が返ってくるでしょう。

　もちろん、受付の女性に言われた方法にしたがっても、テレビ局にプレスリリースを届けることはできます。しかし、この時点でライバルよりも一歩抜きん出たいのであれば、電話を担当者につないでもらわなければなりません。

　そのために効果的な方法があります。それは、**事前にアプローチする相**

手の名前を調べておくことです。
　そして、「〇〇番組の、プロデューサー（役職）の△△様をお願いします」と名指しで問い合わせるのです。

「担当の△△様」をどうやって調べるか

「担当の△△様」が言えるかどうかが、受付の女性が電話をつないでくれるかくれないかの分かれ目になります。
　では、△△様をどうやって調べるのかと言うと、番組を観て、番組に出演しているアナウンサーやリポーターの名前をメモしておくか、番組の最後に出るエンドロールに書いてある名前を押さえておくことです。
　そして、電話口に出た番組担当の△△様に対して、次の3つを簡潔に伝えてください。

①いつも番組を観ていること、ファンであること
②番組の趣旨に合った情報を提供したいこと
③一度伺って詳しい内容についてお伝えしたい、ということ（アポイントを取る）

　この3つは、どれが欠けても目的を達成することはできません。とくに注意が必要なのは、電話ですべてをすませようとしないことです。一方的に話をするのはNGです。簡潔に話をして、次に会ってもらえる約束を取ることに集中しましょう。
　また、会うにしても、最初は長時間ではなく、「5〜10分程度でかまいません」と、相手にストレスがかからないようにアポイントを取ることを意識してください。

[電話対応スクリプト]

テレビ局の代表受付:「はい、××テレビです」

あなた:「○○と申しますが、××(番組)担当の▲▲様をお願いいたします」

※ご用件は？ と聞かれたら、「情報提供で」と答える

代表受付:「はい、少々お待ちください」

制作部の電話対応の女性:「はい、制作部××です」

あなた:「○○【会社名】の○○と申します。いつもお世話になっております。▲▲様はいらっしゃいますか？」

※「今、席を外しております」「忙しいです」→担当者の名前、割と忙しくない時間帯を確認して、再度連絡するようにする

女性:「はい、少々お待ちください」

▲▲さん(担当ディレクターなど):「はい、▲▲です」

あなた:「ありがとうございます。私は、○○と申します。いつも××(番組)を拝見しております。

　実は、私が【現在扱っているもの、行なっていること】をぜひ、番組の中で取り上げていただきたいと思いまして、本日お電話いたしました。いつも番組を拝見していて、【こんなところ】が番組の趣旨(イメージ)にも合っていると思うのですが、いかがでしょうか？」

▲▲さん:「そうですね。では、とりあえず資料を送ってください」

※まずは実際にお会いすることを意識しましょう

あなた:「ありがとうございます。直接お持ちしますが、○日の△時と□時でしたら、どちらがよろしいでしょうか？

▲▲さん:「では、△時で」

代表番号に電話をかけて担当者につないでもらいましょう。電話では「会うためのアポイント」に専念しましょう。

6章 熱意と一緒に届けるメディアへのアプローチ方法

ライバルに差をつけたいなら手紙を送ろう!

　ここまでは、電話のかけ方で差をつける方法について書いてきましたが、もっと確実に差をつけたいのであれば、電話をかける前に手紙を活用するのが効果的です。

　先ほど電話で伝えたいと言った3つのことを、**手紙で先に伝えてから、電話をするのです。**

①いつも番組を観ていること、ファンであること
②番組の趣旨に合った情報を提供したいこと
③一度伺って詳しい内容についてお伝えしたいこと

　この内容を手紙に書いて、プレスリリースと一緒に送るのです。そして、届いたことを確認する電話をするのです。

　テレビに出演している人間にとって、ファンレターは宝物です。というのも、テレビの出演者にとって、自分の仕事の感想を同業者以外から聞く機会は、あまり多くはありません。そのため、実際に番組を観てくれている視聴者からの激励や励ましなどの温かい声はとてもうれしいものですし、明日も頑張ろうという活力になります。

　そのような番組を楽しみにしてくれている視聴者からの声であれば、むげにしてはいけない、という気持ちも働きます。

　そうした意味でも、番組を研究してアプローチをすることは、テレビマンと長期的に良好な関係を築くためにも重要です。

ファンレターはテレビマンの宝物。手紙を効果的に使って、テレビマンにアプローチしましょう。

155

7 テレビマンに直接会って想いを伝えよう！

テレビマンの特性とは？

　あなたは、「ザイオンス効果」を知っていますか？　「人やモノとの接触頻度が高ければ高いほど、その人やモノに対して好意を持つようになる」という効果です。アメリカの心理学者、ロバート・ザイオンスが広めたことから、**ザイオンス効果**と言われています。

　当時はまったくザイオンス効果という名前も内容も知りませんでしたが、今思えばテレビ局の記者時代の取材は、ほとんどがこのザイオンス効果に裏打ちされたものでした。

　毎日接している取材先とは信頼関係を築くことができましたし、いい情報があれば、私からお願いして取材することもありました。

　一方で、自分が取り上げてほしいときだけ寄ってくる人は信頼できなかったので、取り上げることはありませんでした。

　実際に、テレビ局に勤めているとか、テレビのレポーターだと言うと、周りにたくさんの人が寄ってきます。「華やかな世界で活躍しているのだから、多方面に顔が利くだろう」とか、「自分のビジネスを有利に進めるうえで使えそう」とか、それぞれの思惑があるのでしょう。

　そういった人がたくさん寄ってくる分、利己的な思惑には敏感になります。でも逆に、一生懸命、本気で世の中のために頑張りたいという人の匂いも、嗅ぎつけることができるのです。

　だからこそ、直接接点を持って、**テレビマンにあなたの想いをぶつけてください。**そうすればA4用紙1枚に書ききれなかったあなたの想いも、補足して伝えることができます。また、テレビマンが内容に興味を持てば、質問してさらに深く確認してくるでしょう。

テレビマンと対面したときの会話の流れ

　実際にテレビマンに会ったときに、何を話したらいいかわからない、という人もいると思いますので、会話の流れを紹介しておきます。次の流れをイメージして、テレビマンを訪ねてみてください。

[テレビマンと会ったときの会話の流れ]
　①**挨拶**
　　「はじめまして」
　②**今回、忙しい中会ってくれたことに対するお礼**
　　→プロフィールシートを持参して、見せながら説明するといい。
　　「お忙しいところ、ありがとうございます」
　③**簡単な自己紹介**
　　「ありがとうございます。私は、□□です。○○をしています」
　④**テレビマンの番組での仕事内容を聞く**
　　「前回の『△△』、見ました。【内容】がよかったです！」
　⑤**今回のプレスリリースの内容について説明**
　　→商品・作品等があれば持参する。
　　「今回は、○○を取り上げていただきたく……」
　⑥**反応の確認・取材される場合の連絡の流れを確認しておく**
　　「いかがでしょうか？　結果はどうやって伺えばよろしいですか？」
　⑦**今後、取材依頼をする場合のポイントをアドバイスしてもらう**
　　「今後は、どのような企画をお持ちしたらいいですか？」

　また、訪問後はお礼の手紙を書くようにします。テレビ局や制作の現場は体育会系で、多くは上下関係の厳しい世界です。とくに若い社員には、上司の評価が重要なウエイトを占めます。
　ですので、若いテレビマンに会ったときには上司の名前を聞いておいて、「○○さんに大変気持ちよく対応してもらいました」と上司宛に手紙を書くというのも、対応してくれたテレビマンから喜ばれ、感謝されます。

お礼の手紙を書くといったていねいな対応をすることも、ザイオンス効果を生み出す１つの方法です。

　今回、あなたの情報が取り上げられなかったとしても、再アタックできるようにもなりますし、あなたを好意的な取材対象として受け入れてくれるようになるでしょう。

テレビマンへは、ザイオンス効果を活かして積極的にアプローチしましょう。

アプローチの正しい時期・時間帯は？

年末年始・年度替わりの時期はNG。2月・8月はOK

　テレビ局へのアプローチに関連することでよく質問されるのが、「テレビ局も制作会社も他のメディアも、忙しい時期と忙しくない時期ってありますよね。だとしたらテレビ番組に対しては、プレスリリースをいつ出せばいいのでしょうか？」ということです。

　市販されているプレスリリースやPR関係の書籍、それからインターネットには、よくこう書いてあります。「火・水・木の午前中に出すといいですよ」と。

　ただ、これって日によって変わるんですね。報道や情報番組に携わる人は事件が起きれば忙しいですし、何もなければネタ探しに奔走しています。なので、**「忙しいときは忙しいし、忙しくないときは忙しくない」**。これが私からの答えです。忙しい時間が決まっていないのです。

　しかし、そればかり気にしてしまうと、実際にプレスリリースをするあなたにはストレスがかかります。それにタイミングが合わないとプレスリリースができないと思ってしまってもいけないので、あまり過敏にならないほうがいいでしょう。

　ただ、生放送の番組にプレスリリースを出す場合は、番組放送中はもちろん、**「前後1時間」のアプローチは避けたほうがいいでしょう。**

　時期的なことに関しては、ざっくりとですが特徴があります。まずは避けたほうがいい時期からお伝えします。

　それは**年末年始**。年末年始は直接忙しいというよりも、番組を放送する枠がなくなるんです。特番が中心になって通常の番組が少なくなり、年末年始の行事や季節ものの情報が多くなるので、取り上げてもらえる可能性

は低くなります。
　他にも、**3月末から4月上旬というのはネタの宝庫なんですね。**年度替わりの時期のように、何かが終わったり、何かが新しく始まるときには、ネタが豊富にあります。このようなときにプレスリリースを出したとしても、取り上げてもらえる可能性は低いのです。

　では逆に、テレビマンにとって忙しくない時期、情報を提供する側からしたら**取り上げられやすい時期は、2月の半ばから下旬にかけてです。**
　そして、**お盆中やお盆明け。**これらは「ネタ枯れの時期」と言われています。よくお店などがニッパチ、2月8月は商売が動かない、つまり売上が上がらないというのと同じで、この時期はネタ枯れしやすい時期です。

メディア別に特徴を見てみると

　次に、メディア別のコンタクトに関する注意点を挙げておきます。

【テレビ・ラジオ】
　コンタクトに適した日や時間は番組によります。放送前後とオンエア中のコンタクトは避けましょう。
・**忙しさのピーク**：番組オンエア時間帯とオンエア前後1時間
　生番組はさまざまな放送準備が必要なため、オンエア前は大変シビアな環境になります。また事前収録番組では、収録中はスタッフルームには、アシスタント以外の人はほとんどいません。礼儀として、オンエア・収録中周辺の時間帯には連絡を入れないようにしましょう。
・**取材予定の決定**：取材予定は前夜もしくは当日に決まることが多い
　生放送の情報・報道番組では、突然、取材が決定することがよくあるので、柔軟に取材対応できるように心がけておきましょう。
　せっかく取材依頼が来ても、メディアの希望日時に対応できないと、その瞬間に取材対象から外されてしまうこともあり、チャンスが消えてしまうので注意しましょう。

【新聞】

締切時間前は多忙なのでコンタクトは避けましょう。

- **締切時間（全国紙の場合）**

  夕刊：2版11：00・3版12：00過ぎ・4版13：20

  朝刊：11版20：50・12版21：30・13版23：00過ぎ・14版1：20

- **忙しさのピーク：17〜18時頃**

  翌日の朝刊発行に向けて、新聞社は夕方から夜の間がもっとも忙しい時間です。急用でない限り連絡は避けましょう。

- **取材予定の決定：次の日の取材予定を決定するのは19時以降**

  19時以降は翌日の取材準備や情報整理をする時間として、比較的落ちついています。リリースを配信してレスポンスが高いのは、火〜木曜日の10：30〜11：30。記者が朝の打ち合わせを終えてデスクに戻り、プレスリリースの確認ができる余裕がある時間帯だからです。

【雑誌】

雑誌の編集者は、取材を開始してから校了までは忙しい時期です。校了後から企画会議までの間の期間にコンタクトを取りましょう。

- **忙しさのピーク：校了前（発売日の約1週間前くらい）**

  校了前は、記事や写真の入稿、刷り上がりの確認や最終修正などの作業に追われ、忙しい状態が続きます。情報を提供したい雑誌の発売日を確認して、校了前に連絡を入れることないようにしましょう。

- **取材予定の決定：月刊誌は約2カ月前、週刊誌は約1カ月前**

  プレスリリースの提出は、さらにその1カ月前が目安になります。テレビや新聞と違い、事前に次号のテーマや取材対象をスケジュールに沿って進行させているケースが多く、基本的に記事の差し替えは行なわれません。制作スケジュールに合わせて、早めに情報配信するようにしましょう。

メディアごとの特徴を押さえて時間的に余裕を持ってアプローチしましょう。

観たこともないテレビ番組に
アプローチするのはとても失礼

紹介情報はテレビマンの本気度に左右される

　テレビへのプレスリリースでやってはいけないことがあります。それは、あなたが一度も観たことがない番組にプレスリリースを出すことです。これは失礼なことであって、絶対にやってはいけません。

　テレビマンは、自分のつくっている番組に命を懸けています。視聴者のために自分の何かを削って番組をつくっています。

　プレスリリースで「取材してください、お願いします」と言われて、実際に取材に行ったら、「あなたのことは何も知りません。いいから私の宣伝だけしてください」と言われたら、テレビマンもショックを受けます。

　しかも、ショックを受けるだけではすみません。

　あくまであなたを紹介するのは、テレビマンです。テレビマンが本気で伝えようとする情報と、いい加減に適当にと思った情報、あなたはどちらの情報をお客様に届けてほしいですか？　聞くまでもないでしょう。

　だからこそ、テレビマンのテンションを上げて、あなたのことをいい形で世の中に伝えてもらうためにも、事前にテレビ番組を観て、番組内容をよく知ったうえで、プレスリリースを出すことが重要なのです。

署名記者にピンポイントでアプローチ

　それでも、テレビを観ないでプレスリリースを出すという人は少数だと思います。

　しかし、同じことが頻繁に起きるのが、新聞なのです。その社の新聞を読んでいないのに、新聞社にプレスリリースを出す人がいます。

　「新聞を購読してください」とまでは言いません。今は、図書館などに行

けば、新聞を読むことができます。新聞に取り上げてほしいと思うのであれば、プレスリリースを出す前に、その新聞について調べましょう。

そして新聞も、**今は多くが署名記事になっています。**署名記事とは、この記事は誰が書いたという担当者が明確に出ている記事です。であれば、その担当者に、**ピンポイントでプレスリリースを持ってアプローチすればいいのです。**

想いの共通点を見つけて差別化を図ろう

本当にメッセージを伝えたいと思ったら、**自分の想いが伝わる相手に絞って、プレスリリースを届けるようにしてください。**「下手な鉄砲、数撃ちゃ当たる」と思って、闇雲にバンバンFAXや手紙を送るのは、とても非効率的です。

担当者をしっかり調べて、「この番組はこういう想いを持っているから、わが社の情報もぜひ取り上げてもらいたいと思って、プレスリリースをお送りします。取材を依頼します」というふうにアプローチしてください。

それができれば、他との差別化が明確になるので、テレビ局やメディアも興味を持ってくれる可能性が高くなります。

プレスリリースを出す前に番組や新聞などを実際に確認して、メディアの特徴を把握しておきましょう。

10 プレスリリースには「敗者復活戦」もある

上位3割は勝ち抜ける

プレスリリースを活用したアプローチの理想形は、**テレビマンと直接連絡を取り合える関係になることです。**

テレビマンや担当者とネタや情報を共有できるようになれば、今回は取り上げられなかったとしても、リベンジすることができます。

つまり、プレスリリースにも「敗者復活戦」があるのです。

4章でもお伝えしましたが、この敗者復活戦に駒を進めることができるのは、上位3割のプレスリリースです。

敗者復活戦は、そのときメディアに取り上げられなかった理由を知り、それを改善すれば、**全員が勝ち抜けられるしくみです。**プレスリリースが取り上げられなかった理由は、次の3つです。

①時期・タイミングが悪かった

この場合は、内容を書き直す必要はありません。もう一度、時期を変えて、同じ内容で再アタックすればいいのです。その時期はいつがいいのかは、直接アドバイスをもらいます。

②内容が悪かった

この場合は、悪いところを書き直して再アタックすればいいのです。その際、どこをどういうふうに直せばテレビで評価されるのかは、直接アドバイスをもらいます。

③媒体が悪かった

つまり、「それはちょっとテレビでは取り上げないよ」ということです。

それであれば、新聞や雑誌にあらためて出せばいいのです。

その場合には、どんな媒体であれば評価されるのか、直接アドバイスをもらいます。紹介できる先があれば、紹介してもらいます。

アドバイスをもらうためにすべきこと

敗者復活戦で勝ち抜くポイントは、「直接アドバイスをもらう」ということです。その判断ができるのは、あなたがプレスリリースを出した相手です。

テレビなら、テレビマンなんです。テレビマンにどこを直したらいいのか、どこが悪かったのか、本音ベースで聞かないといけないということですね。

では、それを聞くためにどうするかと言うと、直接アプローチして、関係を構築しなければなりません。だから、直接訪問する必要があるのです。

FAXを送った、メールで送った、あるいはWebに書いた……。それだけでは、この関係は築けないので、接触を持つ必要があります。

そのためには、この章のはじめのほうでお伝えしたように、まずは「自分はあなたの番組を観ていますよ」というアプローチをします。そして、会いに行って直接説明します。お礼の気持ちも伝えます。

また、記者クラブを活用するという方法もあります。

上位3割のプレスリリースは敗者復活戦があります。悪かったところを直して再度アプローチしましょう。

11 アナログ活動を積極的に行なうべし!

テレビは視聴者情報を求めている

　メディアを活用するうえで、アナログ活動はとても大事です。実際にテレビマンは、人と会って、足で稼いで情報を取っています。
　その意味で、自分たちの取材スタイルが間違っていないことを示すためにも、**アナログでの努力に報いるのが彼らの特徴です。**だからこそ、対面で情報を伝えることが重要なのです。

　アナログ活動には、2種類あります。
　まず1つは、自分が動くアナログ活動です。「プレスリリースを書いて」「電話をかけて」「手紙を書いて」「直接会って話す」という一連の活動です。
　そしてもう1つが、他人が動くアナログ活動です。具体的には、**周囲の応援団からメディアにプッシュしてもらう**ことと、テレビに取り上げられた後に**情報を拡散してもらう**ことです。

　とくにあなたがメディアに取り上げられるうえでは、周りのファンや応援団の力は重要です。
　テレビも、投書や電話、Webでの書き込みという形で視聴者からの情報提供を求めている番組が増えています。データ放送を使って視聴者の声を収集したり、Twitterなどで寄せられるメッセージをそのまま文字情報として流すニュース番組なども出てきました。
　これは、テレビ局が視聴者から寄せられるメッセージを大切にしていることの現われでもあるので、これを使わない手はありません。

周囲に応援され、期待に応える姿勢

あなたが、本当に伝えたい、世の中に必要とされている商品やサービス、メッセージを持っているのであれば、周囲にお願いしてでも、広めるという気持ちが必要です。

そのときに必要になるのが、**視聴者目線での納得感です。**「なぜあなたを取り上げてほしいのか」「なぜあなたを応援したいのか」。そんなメッセージもあわせてテレビ局に届けてもらうといいでしょう。

そんなあなたの応援団は、誰よりもあなたのことをよく見ています。その応援団の期待を裏切ったり、悲しい思いをさせないためにも、常に見られているという意識を持って、模範となるようなビジネスを続けていきましょう。

そうすることで、テレビに取り上げられた後も、口コミで広がりやすくなって、さらにファンが定着します。

Point
メディアを活用するうえでアナログ活動は効果的です。口コミを使ってビジネスを広めていきましょう。

12 地方のメディアは大チャンス！

私はテレビをはじめとするメディア活用について全国で講演する機会が多いのですが、とくに地方の経営者から多くいただく質問があります。

それは、「私の住んでいる町はとても小さいので、メディアに取り上げられるなんて無縁な気がします。そもそもそんな地域でビジネスをしていて、メディアに取り上げられるものでしょうか」という質問です。

私はこのように回答しています。

「そもそも地方のメディアというのは、その**地域で生活する人に必要な情報を届ける**ために存在しています。ですので、視聴者や購読者数などに大小はありますが、必ずメディアは存在します。

タウン紙やコミュニティ紙、ケーブルテレビなどに取り上げてもらえれば、地域では大きな宣伝になります。そのようなメディアは、年間行事的な取材を繰り返しているので、新しい情報を歓迎しています」

それと、もう1つそのような地域の人にお勧めなのが、**テレビ局や新聞社の「支局訪問」です。**支局にアポイントを取って訪問すると、本社ではなかなか会えないような部長クラスの社員に、プレスリリースを渡して話を聞いてもらえます。また、直接アドバイスをもらうことも、比較的容易です。訪問者が少ない支局ならではのメリットです。

また、テレビ局や新聞社でも、支局訪問者をホームページや紙面で取り上げているところもあるので、そのようなメディア掲載も実績として取り上げていけば、どんどんあなたが周知されていくことになります。

Point 地方はメディア活用を積極的に行なっている人が少ない分、大きなチャンスがあります。

> 地方テレビ局のプレスリリース対応の実情①

報道番組の制作トップの話

　ここまでプレスリリースの書き方・届け方についてお話ししてきましたが、実際にプレスリリースを受け取る側であるテレビ局はどう思っているのか、ある地方テレビ局に潜入取材してきました。
　番組制作のトップである責任者と、取材記者のトップである記者クラブキャップ、番組編成の担当者にお話を伺いました。

●**制作責任者のプレスリリース対応**

大内：実際に、プレスリリースは、1日にどれくらいの数がくるのでしょうか？
番組制作の責任者のAさん（以下Aさん）：日によってまちまちですが、うちの場合は数十通ですね。先週末はイベントが集中していたので、1日100通を超えました。
大内：100通ですか。すごいですね！　その100通はどのようにしてここに届いたのですか？
Aさん：うちはFAXがほとんどですね。直接、持参する人もいます。持参していただいた場合には、受付で内容を聞いてもらって、取材できそうな内容のものであれば、私や編集長が直接話を聞いて対応しています。
大内：訪問されると、正直、迷惑だということはありませんか？
Aさん：いいえ（笑）。来ていただけるということは、それだけ真剣ですし、やっぱり気合の入った人が多いので歓迎しますよ。
　ただ、時間帯を意識していただけると非常に助かります。夕方はダメです。ニュースの時間が近づくとバタバタしていますからね。午前中であれば、比較的お会いしやすいです。
大内：そうですか。最近では各局がホームページで視聴者に動画を寄せてもらうようなサービスを開始していますが、このシステムを使って、実際に取材依頼はきていますか？
Aさん：あのシステムは、視聴者の方が季節モノ（四季を表わす風景や祭りなど）の様子を定点観測して、その映像を送ってくることが多いです。

他には、取材記者が事件や事故が発生した場合の第一報や、災害時の様子を伝えるために、自分の携帯電話やカメラで撮影したものをアップして瞬時に提供する場合に使っています。

大内：なるほど。カメラが準備できてからの取材となると、タイムラグが発生しますから、そういう使い方もあるんですね。

プレスリリースの話に戻りますが、実際に寄せられたプレスリリースは、どのように選別されるんですか？

Aさん：うちの場合は、届いたプレスリリースを、まず「未判断の取材資料」という箱に入れます。記者クラブに届いた資料は、キャップ（記者クラブ担当の責任者）が必要だと判断したものを、この箱に入れるようにしています。

そして、この箱に入ったプレスリリースは、デスク（編集長）がすべて目を通して、必要なものには「要」、いらないものには「不要」のスタンプを押して端末に入力します。「要」と判断されたものの中から「明日の取材依頼」箱に入れて、取材担当者が取材に持って行けるようにしています。

大内：きちんと管理されているんですね。取材に行く、行かないの判断に迷うことはありませんか？

Aさん：そうですね。迷うのは取材の時間帯ですね。なぜかイベントの場合は、10時スタート、13時スタートというものが多いような気がします。

私たちのお昼のニュースは11時30分から全国放送、その後で県内のニュースになるので、10時からスタートするイベントは、お昼のニュースに間に合うのでありがたいです。ただ10時に集中するのではなく、9時開始と10時開始であれば2件取材に行けるのでもっといいですね。

そういう意味では、午後も13時もしくは14時スタートのものばかりでなくて、少しずれているといいのにな、と思うことはよくあります。

●記者クラブキャップの現場の意見

大内：キャップは自ら取材にあたったり、原稿のリライトといったデスクの仕事もするわけですよね。実際に取材する立場から、プレスリリースについ

て何か言いたいことはありますか？

記者クラブキャップのBさん（以下Bさん）：まずは見出しをつけてほしいです。文章だけ紙にびっしり書いてあっても、何を伝えたいのかがわかりません。ですので、まずは見出し、タイトルをつけてほしいと思います。あとは公共性、○○初というものがあると、とても取り上げやすいです。

大内：他にはありますか？

Bさん：プレスリリースに画像・動画をデータでつけてもらえるとありがたいですね。取材に行ったときの様子がイメージできるので。

　あと、私の中では「会合」は減点ですね。つまらないし、絵変わりがないので。

大内：でも、行政からの依頼などで取材しなければならないものもありますもんね。心中お察しいたします（笑）。

Bさん：根拠として数字が書いてあるプレスリリースが多いのですが、数字だけではどれくらいすごいのかわかりません。ですから例えば「全国で何位」とか「全国の何％を占める」とか、判断基準となる情報も挙げてほしいですね。

　あと、わかりやすいプレスリリースは、書き方がすべて、「○○（人）のために△△（活動・行動）する□□（商品・サービス・会社）」というようになっています。意識してみてください。

大内：お忙しいところ、ありがとうございました。ではもう少しAさんにお話を伺います。プレスリリースって、テレビにとってはありがたい存在ですか？

Aさん：そりゃ、ありがたいですよ。私たちは常にネタ枯れに対して恐怖心を持っていますから。ネタ枯れになれば人脈を総動員して報道するための情報を探すのですが、そんなときに、プレスリリースを通じて情報をいただけるのは、本当にありがたいです。

　とくに行政や会社などが休みで世の中が動かない祝日や、GWの半ばとGWが明けてから、それと2月、8月の情報提供はありがたいです。

大内：そうですね。追いかけるネタがなくなったときが、記者の力の見せどころですよね。

　では、例えばイベントの取材依頼であれば、いつ頃までにテレビ局に伝えるのがいいのでしょうか。

Aさん：イベントを取材してほしいということを私たちに伝えるのであれば、最低でも1週間から10日はほしいですね。その段階で、取材項目が混雑しているかどうかも含めて、番組の予定もつくりはじめます。

取材項目を決めるのがイベントの2日前、実際に取材に行くかどうかを決めるのが前日です。直前になってしまって申しわけないのですが、ニュースは生ものです。新鮮な情報を視聴者に提供するためには、それが限界だということを理解されて、上手に活用していただければと思います。

大内：そうですね。プレスリリースをお互いの立場で上手に活用して、足りないところを補完していければいいですよね。

　お忙しいところ、ありがとうございました。

地方テレビ局のプレスリリース対応の実情②
番組編成の立場から

大内：編成部と言うと、番組ラインナップを決めたり、東京や大阪で放送されている人気番組を買いつけてくる部署というイメージがあるのですが、お客様対応もするのですか？

編成部のCさん（以下Cさん）：うちの場合は、視聴者のご意見も積極的に吸い上げて番組編成に活かそうと、お客様対応も編成部で管轄しています。それで、一度お客様の声は私たちの部署が吸い上げて、割り振るようにしています。ですから制作番組への取材依頼などは、まずは私たちが対応しています。

大内：なるほど、よくわかりました。では取材依頼について、ぜひ率直なお考えを聞かせてください。

Cさん：報道のAさんともよく話をするのですが、何がいいのか、言いたいことがわからないプレスリリースが多いですね。本当に取材してほしい気持ちがあるのか、理解に苦しみます。

大内：うーん、そうなんですね。逆に「これは本気だな」と思う取材依頼というのはありますか？

Cさん：そりゃ、頻繁に案内を送ってくるところは、「そろそろ行ってみようかな」「取材してみようかな」と思いますよ。送ってくるたびに想いが強くなっているのが文章でもわかりますからね。

　そして、そういう人や会社は、確認の電話をしてくるんです。広報がしっかりしている証拠ですよね。ただ、あまりしつこいといい気持ちはしませんが……。

大内：なるほど、やはり熱意は伝わるということですね。ところで編成というとテレビ局の要で、番組の時間割をつくるプロじゃないですか。だったら、取り上げられやすい番組、言い換えればテレビに出やすい番組を教えてもらえませんか？

Cさん：そう来ましたか。当然、誰でも彼でも、テレビに出られるわけではありませんからね。

大内：もちろんです！

Cさん：そうですね、強いて言うなら、うちの場合で言えば生放送の自社制作の午前中の情報番組が狙い目ですね。例えば、午前中の情報番組で当日の午後や夕方のイベントの告知をする、なんてこともできますからね。

　ただし、お願いしたいのは、この枠の出演は2〜3カ月前に埋まってしまいますので、今日来て明日出演というわけにはいきません。しかし、事前に予定の立つものであれば、出演依頼をしていただければと思います。

大内：ありがとうございます。これはとてもいい情報ですね。「自社制作の生放送番組」。これはよく覚えておいてくださいね。最後にもう1つだけ、テレビマンとして取材したいな、番組で取り上げたいな、と思う人って、どんな人ですか？

Cさん：私たちは、情報発信している人に興味があります。プレスリリースもそうですが、ブログを書いたり、ホームページをつくったり、人に自分を広めようとしている人ですね。そのような人たちは、テレビで取り上げたときに、「観てね」って自分で広めてくれるのです。
私たちは、やはり一人でも多くの人にテレビを観てほしいと思っています。だから取材されて終わりではなく、「観てね」というところまで言える人に興味があるし、その人たちのお手伝いをしたいという気持ちが強いのです。

大内：ありがとうございました。テレビ活用のヒントがたくさん散りばめられていました。今回伺った話をもとに、私もテレビマンの皆さんの元へ「取材したい！」と言わせるようなプレスリリースを1通でも多く送ることができるよう、頑張っていきます。

7章

集客力を高める
取材の受け方

1 取材が決まってからはトントン拍子で進んでいく

プレスリリースを出した後の準備

　この7章では、あなたからのアプローチを受けて、実際の取材を受けるときのことについて書いていきます。

　この章で触れるのは、139ページのフローチャートの「②メディアからの問い合わせ・取材依頼」から「⑥取材のお礼」までになります。

　メディアがあなたのことを取材すると決めてから、実際に取材するまでは、本当にあっという間です。例えばテレビのニュース番組であれば、取材する前日の夕方に、「明日、取材に伺ってもいいですか？」というアポイントの電話が来ます。そして、翌日取材に来て、その日のうちに放送される、というケースがほとんどです。

　もし、この電話が来たときに、「明日は都合が悪くて」と言えば、せっかくのチャンスを逃すことになります。また取材を受けるにしても、「テレビ局から連絡が来てから何をするか考えよう」では遅いのです。

　プレスリリースを出した後は、「いつ、メディアから連絡があっても大丈夫」という心の準備をしておいてください。メディアから取材依頼の電話がかかってきたら、下記について確認するようにしましょう。

・会社名・媒体名
・取材者の氏名
・取材趣旨・経緯
・掲載コーナー、番組
・希望日時
・取材場所
・所要時間
・写真撮影の有無（雑誌の場合）

それに加えて、**取材を受けるのにお金を支払う必要があるか**どうか、を必ず確認するようにしてください。最近は、いかにも「あなたの会社が選ばれました」という感じで話を進めていき、ある程度決まったところで、「実は、取材にはお金がかかります」と金銭の支払いを要求する会社が、雑誌媒体を中心に増えてきているからです。

　プレスリリースを出して取材を受ける場合、お金を支払うことはまずないので、金銭の支払いについては、確認するようにしてください。

　また、広告と広報の違いのところでも書きましたが、メディアはあなたを取材するにあたって、お店の定休日などの事情は基本的に考慮してくれません。もし、あなたを取材したいと思っても連絡がつかなかったり、取材日が休業日にあたってしまうと、次の取材先を探す、ということにもなりかねないので、**相手の都合に合わせて取材を受ける必要がある**ということも、意識しておきましょう。

取材が決まってから、実際の取材までは時間がありません。事前に余裕を持って準備しておきましょう。

2 取材のための準備 5つのチェックポイント

取材を受ける前の事前準備

　テレビ局から取材をしたい旨の連絡が来て、いよいよ取材を受けます。そんなときのことをイメージしてみてください。初めて取材を受けた人のほとんどは、「取材を受ける前日は、不安と緊張で夜も眠れませんでした」と言います。

　これから受ける取材のこと、そして取材を受けた後のことを考えて、不安を感じたり悩まないように、事前に準備することを整理しておきましょう。

　まず1つ目はインタビューコメントです。4章の「プレスリリースの書き方『7つの掟』」でもお伝えしましたが、**15秒で話すことが大事です**。想定される質問について、15秒、すなわち60字以内で話すことができるようにまとめておきましょう。

　想定される質問について、代表的なものを以下に挙げておきます。

[取材で想定される代表的な質問]
・今のビジネスをするようになったきっかけは?
・商品・サービスの1番のウリは何か?
・利用客・購入客はどんな人が多いか?
・周りからの反応はどうか?
・どんな人に知ってほしいか、利用してほしいか?
・将来の夢・目標は?
・記事・放送を観た人に対して、ひと言

取材後にお客様が押し寄せたときの対応

次に、取材後の**ビジネス展開を考えた準備**をしておく必要があります。

まずはテレビ出演後も、商売やビジネスをうまく継続させるための準備です。

例えば陣容、つまり人繰りです。テレビの夕方のニュースであなたのことが取り上げられて放送されたら、早ければ放送直後のその日の夜から、あなたのお店に人が押し寄せます。

そのときに、来てくれたお客様に対応できるように、いつでも臨時のアルバイトを雇えるように準備しておくことが必要になります。アルバイトが雇えなくても、声をかければ家族や友人・知人が手伝ってくれるような態勢を整えておく必要があります。

あとは、仕入れです。人がたくさん来れば、モノも早く売れてしまうので、その分を見越してたくさん仕入れておくとか、臨時で仕入れられるようなルートを確保しておくことが重要です。

また、そのようなときに、営業時間を拡大する、あるいは休業日でも臨時営業ができるような段取りをしておくことも大切です。

そういった意味では、社員や従業員をはじめとする周りの理解と協力が必要不可欠です。

ビジネスを拡大するための準備

もう1つは、テレビ出演後に商売やビジネスを拡大するためのものです。言い換えれば、顧客リストを増やす準備です。

テレビに取り上げられる最大の目的は、**新規の見込客リストを取ること**だと言っても過言ではありません。というのも、テレビに取り上げられることで得られる効果は一瞬なので、ビジネスを長く続けることを考えれば、その後もファンをつくって、ファンに定期的に有益な情報を伝え、活用してもらうことが重要だからです。

そのためには、あなたから、テレビを観てあなたを知ってくれた人に情

報を届けなければなりません。

　ただ待っているだけでは、お客様は来てくれないのです。そのために、あなたからアプローチするための連絡先、すなわちリストが必要になります。

ホームページでリストを取る

　そのリストを取るためには、リストを取る「場所」が必要になります。その場所はインターネット上です。インターネット上に**ホームページやランディングページを設置して、リストを取得します。**

　簡単に言うと、ホームページは会社案内の冊子、ランディングページは商品・サービスのチラシをインターネット上で公開したものだと思ってください。

　そこでテレビなどのメディアでは一部しか伝えることができなかった情報より、さらに詳しい情報を提供して、興味を持ってもらうのです。

　また、今後も継続的に情報がほしい人には、特別なプレゼントを提供して、リスト登録をしてもらうのです。そのための、ホームページやランディングページをつくるのです。

　テレビ活用の観点からは、ホームページには、次の５つが必要不可欠です。

[ホームページの必須ページ]
　①あなたの想いを語るページ
　②商品・サービスの概要説明と購入できるページ
　③リスト取りのフォーム
　④メディア取材実績を紹介するページ
　⑤メディア向け取材対応ページ
（「④メディア取材実績を紹介するページ」と「⑤メディア向け取材対応ページ」については、次の８章で詳しく説明します）

　ちなみに、リスト取りのフォームは、記入する項目が少なければ少ない

ほど、リスト数は取りやすくなります。ただ、記入する項目が多いほど、より熱心な見込客が集まるので、あなたのビジネスの現状に応じて判断してください。

一般的に情報やサービスを提供するビジネスの人は、メールアドレスのみを取得するケースが多く、商品を持っているビジネスで、カタログやサンプルを送付したい人は、メールアドレスに加えて、住所と名前を取得しています。

また、ホームページやランディングページの制作と同時に、テレビに取り上げられた場合には一気にアクセス数が増えるので、たくさんのアクセスがあった場合にサーバーがダウンしないように**サーバーを強化しておく**などの対策も必要になります。

そして、取材前日には、メディアの人が取材しやすいように情報をまとめて整理しておきましょう。事前に確認した取材の趣旨に基づき、取材テーマをもう一度整理しておくことです。

そして、あなたのお店などが取材・撮影の場所になる場合には、念入りな清掃を心がけましょう。一瞬だけ映った場所でも、そこが汚ければ、あなたのイメージを損ねる可能性があります。

取材のときのインタビューコメントの準備はもちろん、インターネット環境などもしっかり整えておきましょう。

3 テレビ取材設定の際の注意点と配慮

これで大丈夫！ 取材前の準備

　さあ、いよいよ取材当日になりました。きっとあなたは落ち着かないことでしょう。でも大丈夫です。次のチェックシートを見ながら、一つひとつ準備していきましょう。

【取材前の準備チェックシート】

☐ プレスリリース原稿は手元に準備していますか？

☐ 商品やサービスが生まれた経緯は、わかりやすく整理できていますか？

☐ 取材時に実物を見てもらう準備はできていますか？

☐ 実物を見てもらえないのであれば、画像が用意してありますか？

☐ パンフレットやチラシなどの資料は用意してありますか？

☐ お客様の声などを書面で用意してありますか？

☐ 取材場所の清掃は行き届いていますか？

☐ 身だしなみは整っていますか？（インタビュー前に再度チェック）

　挨拶や名刺交換の後で、簡単な打ち合わせがはじまります。打ち合わせと言っても、気を抜いてはいけません。ここで話す内容から取材はスタートしています。

撮影がスムーズに進むように、撮影のポイントを伝えましょう。イベントであれば、流れやメインとなる部分を伝え、式次第などがあれば渡すようにします。

インタビューでの注意点

取材がスムーズに進むように、テレビマンから依頼があれば、迅速に対応しましょう。とくにインタビューでは、次のことに注意しましょう。

[取材時インタビューの注意点]
・ダラダラと話さず、簡潔にポイントを押さえて話す
・専門用語や業界用語を使わない
・競合他社の悪口を言わない
・他のマスコミの動きを話さない
・記事を事前に確認させてほしいなどと言わない

また、取材時に忘れてはいけないことがあります。それは取材風景を写真撮影しておくことです。テレビに取り上げられた後、放送されたことを周囲に告知する必要があります。しかしほとんどの場合、テレビで放送された動画そのものをホームページなどのSNSに掲載することはできません。そのときに、取材の状況を伝えるための写真が必要になります。

この写真は、取材を受けたことがわかるものが理想です。例えば、カメラマンの肩越しに撮影するとか、あなたがインタビューを受けている様子がわかる写真です。しかし、アナウンサーやタレントが映っている写真は、肖像権などの法律に抵触する可能性があるので、**公開してもいいか、必ず事前に確認しておきましょう。**

取材当日も焦る必要はありません。チェックシートを確認しながら、取材を受けるための準備をしていきましょう。

4 テレビマンが求めるもの

「取材の現場でテレビマンが求めているものは何ですか？」といった質問をよく受けます。現場の取材でほしいものは何かと言ったら、やはり「想い」ですね。あなたがビジネスをどんな想いでやっているのか、これからどうしていきたいのかを伝えてください。

もちろん、インタビューにもその内容をしっかり入れてください。

また、取材する立場からすれば、あなただけでなくて、**客観的な判断をしてくれる人の声が聞きたい**のです。お客様の声や、体験した人の反応を知りたいですし、インタビューしたいと思います。

テレビマンは取材をしていると、あなたが魅力的であればあるほど、感情移入していい記事を書きたい、いい映像を撮りたいと思います。ただ、偏らない情報発信であなたを引き立てるためには、第三者の声も必要です。

人生に谷があり、それを乗り越えた人に興味を持つ、というお話を前述しましたが、過去の失敗したときのエピソードを出すと、応援したくなります。資料や写真、映像があれば、それも一緒に出すと、説得力が増します。

新しいものをつくったのであれば、比較材料として昔のバージョンと今のバージョンを並べて出すと、映像として比較でき、テレビとして取り上げる理由づけになります。

取材慣れしていない人は、インタビューのコメントを含めて、事前に原稿を作成しておくことをお勧めします。

取材ではあなたの想いを伝えましょう。取材慣れしていない人は事前に原稿を準備しておきましょう。

テレビマンの「取材OKライン」とは？

　テレビマンも自分の好き勝手に取材するわけではありません。取材すべき一定の基準、すなわちOKラインが存在します。このOKラインを押さえて撮影したものを、**「撮れ高」**（放送に使える映像）と言ったりします。

　まず1つ目は、**視聴者にメリットを提供することができるかどうか**です。視聴者が、あなたの商品やサービスを使ったり、利用したらこんないいことがありますよ、ということを提供できるかどうかです。そのためにはテレビマンに、よさを知ってもらうことが必要です。

　2つ目は、**視聴者に変化をもたらすことができるか**、言い換えれば、実際に行動してもらえるかということです。これも、テレビマンに魅力を知ってもらって、すぐに行動したくなるような撮影をしてもらうことが重要です。

　3つ目は、**映像に動きがあるかどうか**です。映像がずっと変わらないものでは、効果がありません。映像が何パターンかあって、その映像が場面に応じて変わることが大切です。

　4つ目は、**おもしろさや、「へぇ〜」というものを提供することができるかどうか**です。私は記者時代に、上司からこう指導されました。「『へぇ〜』『はぁ〜』『なるほど』と思うようなことを、1つのニュースに3つ入れなさい。それがないと視聴者がテレビを観る意味はない」。

　そして最後に、専門的な知識がなくてもわかる、**一般ウケする情報を提供すること**です。ほとんどの視聴者は、あなたのビジネスや、あなたの扱う商品やサービスについて知りません。その人たちがあなたに興味を持つためには、簡単な言葉で語りかけなければなりません。

テレビマンの取材OKラインを理解して期待に応えられるようにしましょう。

テレビ取材の前後にされる「裏取り」とは？

テレビなどのメディアが、取材の前後に必ずすることがあります。それが「裏取り」です。これはあなたが実在するのか、本当に放送しても大丈夫かどうか、**「事前情報」**と**「訪問」**で確認します。

事前情報は、取材前にホームページ等を見て、あなたの経歴や実績がプレスリリースに書かれている内容と相違がないかどうかを確認します。訪問は、実際に確認して、そのときの受け答えや活動の様子を見て判断します。

テレビなどのメディアがもっとも恐れるのは、あなたを取り上げたことによって、伝えた情報が嘘だったときに信頼を失うことです。

テレビをはじめとするメディアは、事実を伝えることで視聴者や読者との信頼関係を築いています。それだけに、嘘や紛らわしい情報を伝えれば、信頼関係は一瞬にして失われ、攻撃や批判の対象になってしまいます。

テレビとしては**疑わしいものにはできるだけ近づきたくない、関わりたくない**というのが本音です。そのような不安を払拭するためにも、あなたがビジネスをまっとうにやっていて、成果を出している証拠を見せてあげてください。そして、取材にも真摯に対応していただきたいと思います。

いくら取材に来てほしい、放送してほしいからと言って、プレスリリースの内容も**「あまり盛りすぎない」**ことが重要です。百戦錬磨のテレビマンには、あなたにどの程度の実績があるかどうかは、会ってひと言話せばわかります。それよりも、**実績がなくても臆することなく、自信を持ってあなたの想いを伝えてください。**

テレビは必ず「裏取り」をします。あなたが放送されるべき存在であることをしっかり伝えましょう。

取材のときの印象はあなたがつくる

テレビは映り方が肝心

「取材には真摯に対応してください」と言いましたが、真摯な対応とはどういうことか、という話をしましょう。

まずは、**ハキハキとした受け答え**です。プレスリリースの書き方のところでもお伝えしましたが、テレビマンは曖昧な返答を嫌います。ですので、質問したことに対して明るく、切れよく、ハキハキと答えてください。わからないことを質問された場合には、適当な回答をせず、**「すぐに調べて回答します」と言って対応しましょう。**

また、取材状況に応じて、当初の予定に追加して取材したいものが出てくる場合があります。その場合には可能な限り対応して、テレビマンの期待に応えましょう。取材する側、される側という意識ではなく、**一緒に番組を制作している**という気持ちを持って対応してください。

また、テレビは「映り方」がとても大事です。あなたがインタビューされているときの発言や態度・表情を気にしなくてはいけません。まずは、**身だしなみをチェックするようにしましょう。**

せっかくいい話をしていても、身だしなみが整っていないと、視聴者はそちらに注目してしまい、耳を傾けてくれません。

撮影するカメラマンも、インタビューのときの立ち位置などは指示してくれますが、身だしなみまでは注意してくれません。カメラマンからすれば、決して意地悪をしているわけではなくて、映像のつながりなどを考えていると、そこまで気が回らないのです。身だしなみについては、自分でチェックするようにしてください。

頭髪の乱れ、メイク直し、ネクタイの曲がり、ボタンの留め忘れ、チャックの締め忘れなどがないかどうかを確認しましょう。

ビデオカメラで練習しましょう

次に、発言は短めに言い切ることが大切です。とくに語尾をはっきり言うようにしましょう。語尾まではっきり言い切らないと、自信がなさそうに見えます。

表情については、「通常より一段階上のアクション」を心がけてください。テレビの場合、ちょっとやりすぎかな、と思うくらいで、ちょうどいい表情に映ります。笑顔も口角を上げて歯を見せる。これくらいやらないと、画面上では表情に乏しい人に映ってしまいます。

できれば、事前に家庭のビデオカメラで撮影して、その映像を確認しておくようにしましょう。取材前日でも当日でもかまいません。一度練習しておくと、実際の取材のときにも緊張せずに臨めるようになります。

コメンテーターなどでスタジオ収録の生放送に出演する場合は、「ワイプ」と言って、VTRを見ている表情が撮影され、画面の端の小さな枠囲みに映されることがあります。

ですから、このような番組・コーナーに出演する場合は、自分が常に撮影されているということを忘れてはいけません。生放送は編集できないので注意が必要です。

テレビで放送された後の印象は、**あなたの取材時の対応でほぼ決まります。**あなたが演じたキャラクターが、今後のあなたのビジネスにおいて周りの人が持つイメージになるのです。

ですから、あなたがどんな人だというイメージを持ってほしいのか、それが視聴者にしっかり伝わるように取材を受けてください。

テレビに映るあなたの印象がよくなるように、意識して取材に臨みましょう。

取り上げられ方であなたの イメージは大きく変わる

テレビのイメージがすべて

　取材番組を選ぶこと、取り上げられ方を吟味することの重要性については、これまでもお伝えしてきました。

　テレビに取り上げられれば、あなたは一瞬にして昨日までとは違う人生を送ることになります。「テレビに出ていた○○さん」「テレビに取り上げられた会社の○○さん」になります。そうするとあなたのイメージは、テレビに出ていたイメージになります。

　私もテレビマン時代、ある超大物芸能人の方と番組でご一緒させていただきました。その方は収録でカメラが回ると、とても饒舌です。私のボケにも機敏にツッコミを入れて、笑いに変えてくれました。

　しかし、カメラが止まるとひと言も発しません。下を向いて目も合わせてくれず、楽屋にこもってしまいます。極度の人見知りだそうです。しかし、その芸能人の方を暗いと言う人は、ほとんどいません。

　それは、**テレビの画面のイメージがすべてだからです。**その意味で、「テレビ映り」というのは非常に重要です。

勇気を持って取材を断るケース

　そのテレビでのイメージですが、ちょっと怖いことがあります。

　実際の取材の内容が、当初の予定と異なる場合があることです。本来予定していたものに追加で取材項目が増える場合は、全体の内容が変わることはないので問題ありません。ただ、**趣旨そのものが変わってしまう場合は注意が必要です。**

　テレビマンが取材しているうちに、落としどころを変更したほうが番組

的におもしろいと判断した場合です。

　その場合は、必ずあなたの今後のビジネスと方向性が合っているか、伝えたい内容と一致しているか、視聴者にそのイメージを持たれても問題ないか、しっかり考えてください。そして、**あなたの想いにそぐわない場合は、勇気を持って取材を断りましょう。**

　テレビマンは視聴率が取れれば、そしてその番組の反響があれば、仕事を果たしたことになります。しかし、あなたの仕事はこれからはじまるのです。
　テレビに取材・放送されたことを活用して、商品やサービス、ビジネスをどんどん広げていくのです。その際に、あなたのイメージが誤って伝われば、そのイメージが独り歩きして、結果的にあなたの足をひっぱることになります。
　ですから、当初の打ち合わせと違う内容での取材になった場合には、自分の想いや考えと大きく異なっていないか、マイナスイメージを与えるものでないか、しっかり考えましょう。

　一方で、**テレビマンは、あなたの魅力を引き出すプロでもあります。**あなたを輝かせる魅せ方を引き出してくれることもたくさんあります。その場での提案が、あなたにとって魅力的なものであれば、積極的に協力して広報してもらいましょう。

テレビの効果は絶大です。それだけに自分の想いと取材内容が違った場合は勇気を持って断ることも大切です。

取材を受けてからが大切

　取材が終わると、それでホッとしてしまいがちですが、まだ、これで終わりではありません。一人でも多くの人に放送を観てもらう必要がありますし、放送を観た人には見込客になってもらわなければなりません。
　同時に、取材を通じて築くことができたテレビマンや、メディアの人間との信頼のパイプを太くしていかないといけません。
　では、取材後、具体的にどんなことをすればいいのか、それぞれの場面に分けて説明しましょう。

取材を受けた後にしていくこと

（1）取材終了後にすること

　取材終了後にすることは、取材に来たテレビマンが現場から帰る前にすることと、帰った後ですることに分けて説明します。

①取材に来たテレビマンが帰る前にすること

　あなたが後日、宣伝や告知できるように、一緒に写真を撮ってもらいましょう。
　また、テレビマンに放送予定日を確認しておきましょう。この時点では、まだ決まっていないこともあります。その場合は、テレビマンに送る手紙で、放送日の連絡をお願いしておきます。なお、取材内容、編集内容については、放送前の事前確認はできないことも理解してください。

②取材に来たテレビマンが帰った後ですること

　放送までに時間が空く場合は、取材に来たテレビマン宛に、お礼の手紙を書いて送ります。後日だと忘れてしまうこともありますので、できるだけ、取材を受けた当日に投函するようにします。

[お礼の手紙の文面で伝えたい3つのこと]
①取材の感想とお礼を伝える
②放送を楽しみにしていることを伝える(テレビマンに質問したときに、放送日が決まっていなければ、放送日が決まったら、連絡をいただけるとうれしいことを伝える)
③今後も番組を応援、盛り上げていくことを伝える

　ただ、放送日の連絡については、テレビマンも多忙で、あなたへの連絡を忘れてしまうこともあります。ですので、1週間に1回程度は、あなたから連絡を入れて確認するようにしましょう。
　また、あなたは、取材を受けたことを多くの人に知らせる必要があります。手段は問いません。この場合、直接的な伝え方としては、口コミや自身の活動スペースでの情報提供などがあります。また、間接な伝え方としては、SNS・インターネットを活用する方法があります。
　ただ、ここで注意すべきことが2つあります。
　まず1つ目ですが、SNSやHPで情報発信をする場合、使用する映像・写真に注意するようにしましょう。取材に来た有名人やアナウンサーなどの写真を許可なく撮ってアップした場合、肖像権などの法律に抵触する可能性があります。撮影・掲載については必ず許可を得てからするようにしましょう。
　また、番組によっては、取材を受けたことについて、「情報解禁日」を設けているケースもたくさんあります。ですので、「いつから告知していいですよ」と言われた日付をしっかり守って、自分のお客様などに情報提供するようにしましょう。

(2) 放送直前にすること
　放送直前にすることも、ポイントは2つです。
　1つ目は、放送された放送番組の録画を忘れないようにしましょう。予約録画の機能を使うことも効果的です。すべては、あなたの売上や集客につなげる、二次利用のためです。二次利用については、8章で詳しく説明

します。
　２つ目は、事前準備の確認です。テレビ効果で押し寄せるお客様への対応方法を考えて、準備しておかなければなりません。
　来客対応、問い合わせ対応、調理・製作対応、接客対応、電話・メール対応、交通整理対応、仕入れ対応……いずれの対応も、人の力を借りたり、システムをつくる必要があるものなので、計画的に準備を進めるようにしましょう。

(3) 放送直後にすること

　これは、あなたがテレビ出演でお世話になった人に「感謝の気持ちを伝える」ことが重要です。具体的には、得意先や従来からのファンへ、テレビ出演の報告・お礼を伝えるようにしましょう。これができるかどうかで、この人たちがあなたの熱烈なファンになるか、あなたのもとを離れていくかが決まります。同時に、HPなど情報発信ツールに、メディア取材歴の掲載情報をアップ（掲載）するようにしましょう。
　また、今回のテレビ出演で、あなたがお世話になった人が、他にもいますよね。そうです、テレビマンです。テレビマンへの電話・手紙のフォローも忘れずに行なってください。やり方は、まずは電話で喜びと感謝を伝えてください。そして後日、メールもしくは手紙で、感想と周囲の反響などを伝えることで、メディアとの良好な関係を構築していきましょう。

(4) 放送後、翌日以降していくこと

　放送後にすることは、次の取材につなげるための準備です。具体的には、掲載・報道された記事や画像をまとめて、資料として整理しましょう。別のメディアに掲載記事や報道結果をプレスリリースするのも効果的です。例えば、紹介されたメディアがテレビであれば、新聞や雑誌にプレスリリースをかけると、「テレビに取り上げられた」という実績を持続させたり、テレビでは伝わらない層にも伝えることができます。
　１つのメディアに紹介されて終わるか、他のメディアにも波及効果を生むのかは、反響がどれだけあるかによって決まります。そのためには、多

くのメディアに掲載されて多くに人の目に留まることが大切であって、実績を記載したプレスリリースは非常に効果を発揮します。

その他、取材者宛に当日撮影した写真データを送るようにします。テレビ局で運営しているHPやブログ、もしくはアナウンサー・テレビマン個人が公開しているFacebookやブログに載せてくれることもあります。

テレビ出演後の3つのしくみ

取材後に、ここまでできれば完璧です。

あとは、次の3つのしくみをつくることで、テレビに取り上げられた効果を最大限にしていきます。

[メディア出演後につくることができる3つのしくみ]
　①メディアに次々に取り上げてもらうためのしくみ
　②あなたのもとに次々に押し寄せる視聴者を顧客・ファンにするしくみ
　③メディアに取り上げられた実績を長期的・継続的な評価に変えるしくみ

詳しくは8章、9章で説明しますので、楽しみにしていてください。

取材を受けた後も安心せず、メディア効果を最大限にするためのしくみづくりに努めましょう。

8章

メディアが連れてきた見込客をリピーターに育てる方法

テレビマンと信頼関係を構築する方法

プレスリリース作成後の流れについては、139ページのフローチャートにしたがって、詳細を説明してきました。

8章では、「⑦掲載記事・番組の二次利用」から「⑨定期的なプレスリリース・情報提供の継続」の部分についてお伝えしていきます。

影響力を持続させるにはどうしたらいいか

テレビをはじめとするメディアに取り上げられたことで、あなたが得られるものは何でしょうか。売上・見込客・ブランド・権威・人気・知名度……たくさんのものを得ることができます。

しかし、これらの持続期間は非常に短いのです。例えば、今日テレビに取り上げられたラーメン店の前にできる行列は、残念ながら1週間と持ちません。もし、その行列を継続させたければ、個人や企業の努力と、周りのサポートが必要不可欠です。

まず、ここでは周りのサポートということで、メディアからのサポートについてお伝えします。

メディアがサポートすると言っても、あなたの売上アップや集客を直接手伝ってくれるということではありません。あなたがメディアにとって有益な情報を持っていけば、**優先的に取り上げてくれる**ことです。

テレビをはじめとするメディアに2回3回と取り上げられることによって、効果は何倍にもなります。そのサポートを受けるためには、あなたから働きかけて、**メディアと築いた信頼のパイプをどんどん太くしていく**ことが大事です。

メディアとのパイプを太くする方法

6章でも書きましたが、メディアとの信頼のパイプを太くしていくためには、ザイオンス効果を使っていくことが大事です。そのためにすべきことは次の3つです。

①定期的に連絡を取り合う

取材に来てもらったテレビマンとは、積極的に連絡を取り合うようにしましょう。その際に**何らかの情報を提供してあげる**と喜ばれます。こんなユニークな人がいる、会社がある、今、自分たちのグループでは、こんなことが話題になっている、そういったことを教えてあげるのです。

自分で情報を収集する時間がなかなか取れないテレビマンにとって、そのような情報はとても貴重です。それであなたは単なる取材依頼者ではなく、情報提供者になります。もちろん、連絡等については、相手に配慮して迷惑にならない程度にしましょう。

②記者クラブを定期的に訪問する

プレスリリースを提出する先としてお伝えした**記者クラブには、毎月1回訪問する**ことが理想です。

多くの記者クラブでは、毎月幹事社が交代します。毎月訪問することによって、**新しい記者と接点を持つことができる**のです。ただし、記者クラブに所属する記者も多忙なので、訪問する場合は、記者たちが興味を持ちそうな情報・ネタを持っていくようにしましょう。

③ニュースレターを作成して配布する

記者と直接会うにしても、記者クラブを訪問するにしても、情報を提供するという姿勢が大事です。

しかし、毎月毎月メディアに取り上げてもらえるようなネタはない、という人もたくさんいると思います。そのような場合は、ニュースレターを作成することをお勧めします。

ニュースレターは、あなたの会社の活動や商品・サービスを伝えるための案内です。お客様に実際に配布しているものでもかまいません。
　情報を定期的に伝えることで、メディアの参考資料にしてもらうのです。ニュースレターを送っていると、取材協力などであなたに連絡が来ることもありますし、何よりあなたの認知度を高めることができます。

　ニュースレターは、メディアだけでなく、お客様にあなたを知ってもらうツールとしても効果的です。イベントなどの情報であれば、開催前の告知と、開催後の報告と、同じテーマで2回送ることができます。
　ニュースレターの書き方は、基本的にはプレスリリースと同じです。自分の知り合いに近況報告するイメージではじめると、ストレスも少なく、長く続けることができます。

テレビで何度も取り上げられるように、定期的なアプローチを心がけましょう。

「メディアわらしべ長者」を目指す

「メディアわらしべ長者」とは？

「メディア活用で目指すべきゴールは何ですか？」と聞かれれば、私は、「メディアわらしべ長者」と答えます。メディアを使ってレバレッジをかけるのです。

つまり、何もない状況から1つのメディアに取り上げられたことをきっかけに、他のメディアにも次々と取り上げられる。そして**メディアに取り上げられた実績が波紋のように広がり、お客様を呼び込み、話題をつくり、売上や集客につながる**というイメージです。

プレスリリースから海外テレビ局が取材にやってきた

実際の例を紹介しましょう。

5章でプレスリリース活用の事例として取り上げた美術家のサイトウミキさんは、最初にプレスリリースを書いて、ネット記事に取り上げられました。

すると、そのネット記事を「The Japan Times」という英字新聞の記者が見ていたんですね。それで彼女の作品に興味を持ち、取材に来てくれて紙面に掲載されました。

さらに「The Japan Times」に掲載された記事が広く知れ渡り、再びネット記事に取り上げられました。

その後も、墨をキャンバスに流して動物の絵を描くという作風と芸術性の高さが評価されて、ラジオ、ケーブルテレビ、キー局のゴールデンタイムの番組に立て続けに取り上げられます。

メディアでの反響は国内だけにとどまらず、海外のテレビ局も密着取材にやってきたのです。

「メディアわらしべ長者」になる３つのポイント

　メディアに取り上げられると、活躍の幅が広がります。
　展示会を開くと、お客様の数はメディアに取り上げられる前の５倍になりました。女性の活躍をテーマにしたシンポジウムのパネルディスカッションでは、総理大臣夫人の安倍昭恵さんと一緒にパネリストを務めたこともあります。
　まさしくメディアを活用して、わらしべ長者になったのです。

　メディアわらしべ長者になるためのポイントは、次の３つです。

①プレスリリースを書くなどの手段を使って、メディアに想いを伝える
②「素材の二次利用」をしながら、出演実績を拡散してメディアとお客様を呼び込む
③継続して売上を上げたり、集客するためのしくみをつくる

　次項から、このポイントについて１つずつ説明していきます。

メディア活用で目指すべきゴールは「メディアわらしべ長者」です。継続して売上を上げるしくみをつくりましょう。

次の出演依頼は
向こうからやってくる

なぜ、メディア側から声をかけてくれるのか

「メディアわらしべ長者」になるための3つのポイントの1つ目は、プレスリリースなどの手段を使って、メディアに想いを伝えることです。まず、あなたの存在を知ってもらわなければ、メディアに取り上げられることはありません。

ただ、毎回、プレスリリースを書く必要はありません。一度いい形で取り上げられ、メディアと良好な関係が構築できれば、次回以降はメディア側から「取材させてください」というオファーがあり、あなたがそれを受けるかどうか、選択できるようになるのです。

先ほどのサイトウミキさんも、最初はネット記事に取り上げられるためにプレスリリースを書きました。しかしそれ以降は、新聞社やテレビ局のほうから取材に来てくれるようになりました。

では、なぜ最初は見向きもしてくれなかったメディアが、急に「取材させてください」と、あなたのもとを訪ねて来るようになるのでしょうか。それにはいくつか理由があります。

まずは、あなたのことを取材しても大丈夫なのか、判断材料が少ないということが挙げられます。あなたがどんな人なのか探っています。あなたの情報が視聴者にどれくらいの影響力があるのか、様子を見ています。

その中で、あなたが**期待を上回るパフォーマンスをすれば、次からは積極的に取り上げたいと思うようになる**のです。

「過去に○○に取り上げられました」というのは、信頼してもらえる材料になります。もちろん番組によっては、初取材のお店だけを取り上げるものもありますが、そのような場合は、番組の趣旨に合わせてプレスリリースを使って売り込めばいいのです。

201

メディアが冒険できない事情

次に、新しいものを発掘する手間をかけられないという事情があります。テレビは経費削減の折、リサーチャーが不足しています。新しいものを自分たちで探すよりも、楽に安定して視聴率を稼げるものや、提供される情報の中から、失敗しないものを選んで取り上げる傾向にあります。一度取り上げられて評価が高いものであれば、安心して取材・放送できます。

もう1つは、世間と足並みを揃える必要があるということです。昔から世間の常識と異なることがあると、メディアは、「だからマスコミ(マスメディア)は……」と批判されてきました。今は、何かあればネット上ですぐに炎上、そして批判に晒されるなど、その傾向はさらに顕著です。

その意味でも、世間の流行に合わせた情報提供を要求されています。「マスメディアは一歩先を行くと、世の中から理解してもらえない。半歩先くらいがちょうどいい」という声もあります。一部の週刊誌などを除いては、「世間に従順で、冒険しない」という傾向が強いようです。

しかし、メディアにも相性というものがあります。例えば、ブログ記事は雑誌の編集者の目に留まる可能性が高い。そういう意味では、ブログにあなたの想いや商品・サービスの内容を書いてみるだけで、いきなりメディアに取り上げられて、テレビにも出演、という可能性もあります。

[メディアの好相性例]
・インターネットのブログ記事→雑誌につながりやすい
・インターネットのニュース記事→雑誌・新聞につながりやすい
・新聞記事→テレビにつながりやすい

メディアの相性も考えながら、良好な関係を構築していきましょう。

一発屋で終わらないための「効果的な二次利用」12の方法

テレビ出演効果を持続させる方法

「メディアわらしべ長者」になるためのポイントの2つ目は、「素材の二次利用」をしながら出演実績を拡散して、メディアとお客様を呼び込むというものです。これは、あなた自らが拡散して呼び込むことが重要です。

詳しい内容に入る前に、下の例をご覧ください。これはテレビに取り上げられた、ある携帯ゲームアプリのダウンロード数の推移を表わしたものです。

テレビ出演	出演日	1日後	2日後	3日後	4日後	5日後	6日後
DL数	2472	1087	220	71	34	21	20

それまで1日20件程度だったダウンロード数が、テレビ出演をきっかけに一気に2500件近くまで増えています。これがテレビの力です。

しかし、その後は一気に落ち込み、5日後には、ほぼテレビ出演前の数字に戻っています。この「テレビ効果」の期間も以前はもっと長かったのですが、今は多チャンネル化やインターネットの普及による情報量の増加などの影響もあって、短くなっています。それだけに自分で情報を積極的に拡散して、テレビ効果を持続させる必要があります。

その際に、**取材時に撮影した写真や、テレビの放送画面を撮った写真を使って、できるだけ多くの人に伝えて広めていきます。**これを「素材の二次利用」と言います。

では、効果的な「素材の二次利用12の方法」を紹介しましょう。

効果的な素材の二次利用12の方法

①自主開催の交流会・お茶会のときに放送された映像を流す

著作権などの法律上、放送した番組を録画して自由に利用できるのは、原則として「私的利用」の範囲に限定されています。

社内外の研修や販売促進活動、講演会などでの利用は、「私的利用」の範囲を超えるものと見なされる可能性があるので、注意しましょう。

なお、著作権等の権利を購入することで、使用を許可される二次利用可能な放送もあるので、詳しくは取材を受けたときに確認してみてください。

②ホームページに掲載する

取材を受けたこと、放送されたことをあなたのホームページに掲載して、メディア実績として掲載します。その場合も、放送を録画したものをYouTubeなどにアップしてそのURLを掲載したり、直接、動画を貼りつけることはやめましょう。ホームページのリンクなどについては、原則として許可しているメディアが多いです。

③印刷物として配布する

あなたが配布しているチラシや名刺・メッセージカードに、「□□テレビ『番組名』で○○が紹介されました！」という形で、放送・掲載された実績を載せて、配布しましょう。

そのとき、番組やコーナー名の下に、どのような紹介をされたのか、アナウンサーや芸能人があなたに、どんなコメントをしてくれたのかといったエピソードを書くと効果的です。また、単なる文章だけでなく、写真などを掲載すると、取材の状況もわかりやすく、好感を持ってもらえます。

④CDにして配る

二次利用が許可されているラジオ番組に出演した場合などは、CDなどに記録して配布することも可能です。ただし、その場合に番組自体の著作権はフリーでも、番組の合間に流れた音楽や、BGMの著作権に抵触する

可能性があるので、音楽の使用については確認を取るようにしましょう。

⑤挨拶状・お礼状と一緒に送る

　常連のお客様やファンの人には、これまで支えてもらったお礼の気持ちを込めて、挨拶状・お礼状とともにメディア出演の報告をするようにしましょう。メディア出演を記念したイベントの開催や、商品の割引・サービスなどをイベントの案内と一緒に送ってもいいでしょう。

⑥SNSに掲載する

　SNSの読者に対しても、しっかりと自分の言葉でメディア出演を伝えましょう。

　放送前には、TwitterやFacebookなどのSNSで取材されたことを事前告知して、多くの人に記事や放送を観てもらうようにしましょう、という話をしました。放送後には、自社のHPやブログ、メールマガジン、その他SNSを使って掲載・放送されたことを紹介します。

　ヘッダーに「○○テレビに取り上げられました！」「△△新聞で紹介！」などと入れるだけでライバルとの差別化ができて、お客様からも選ばれやすくなります。

⑦次回取材依頼時に「参考」として持参する

　テレビをはじめとするメディアも、他社がどのような取材をしているのかは非常に気になるものです。ですから、実際に取り上げられた記事や映像などを、次のメディアにアプローチするときに実績として見てもらうと効果的です。

　次にあなたを取材するメディアは、他の切り口であなたを魅力的に取り上げるためのアイディアを出してくれます。

⑧定例の配布物に入れる

　定期的に配布しているものがあれば、その記事にメディアに取り上げられたことを書きましょう。その場合、取材時のエピソードや、放送までの

実話ドキュメントなどを書くと、お客様も興味を持ってくれます。

⑨本に掲載する

　メディアに取り上げられると、本の出版の可能性も広がります。その場合に、メディアに取り上げられたときのことを本の内容に入れると、読者もその状況がイメージしやすくなりますし、あなたの実績をアピールすることもできます。

⑩店舗に色紙・サイン・写真・記事を貼る

　あなたが店舗型のビジネスをしているのであれば、実際にやってくるお客様に、目に見える形でメディア出演の情報を伝えることも効果的です。

　店内に芸能人の色紙が貼ってある飲食店を見ると、「このお店は、おいしいんだろうな」と勝手にイメージを膨らませることがありますよね。視覚に訴えると、効果があります。取材に訪れたのが芸能人や有名人であれば、店舗に掲載するためにサインをお願いしてみましょう。

　また、取材のときに撮った写真を拡大して貼ったり、新聞や雑誌の記事をラミネート加工して貼るのも効果があります。

⑪看板・のぼりを立てる

　あなたがいくらメディアに取り上げられたからといって、それが実際に店に入ってみないとわからないようでは、効果が半減します。あなたの店がテレビなどのメディアで取り上げられたことをアピールするための目印として、看板やのぼりを立てて目立たせるのも、効果があります。

⑫広告を打つ

　テレビなどに取り上げられたタイミングで広告を打つと、認知度も高いので、比較的安く、効果的に宣伝することができます。テレビに取り上げられた後の広告は、テレビに取り上げられる前の**3～4倍の費用対効果があります。**

　広告を打つ場合は、予算を明確にして、効果を検証しながら打つように

しましょう。インターネットのPPC広告（Pay Per Click：1回ボタンがクリックされるたびに費用が発生する広告）などであれば、費用対効果の検証も容易です。PPC広告を打つ場合は、タイトルでメディア掲載をアピールするようにしましょう。ただし、PPC広告ではテレビなどの番組名を出すと、事前申請が通らない可能性が高いので注意が必要です。

［広告タイトルの例］
・有名雑誌であのタレントが大絶賛
・新聞でも話題の「食べるラー油」とは？
・ラジオで紹介された美容室です
・テレビであの女優が涙した！　東京23区口コミNo.1の整体院

　この12の方法をしっかり押さえておいてください。これ以外にも、多くの人にあなたのことを知ってもらうきっかけになることであれば、積極的に取り組んでください。
　テレビに出た後は、あなたが宣伝して、認知してもらい、次のメディアを呼んでくるのです。その活動を継続することで、口コミで広がり、次のメディアがあなたのもとにやってきます。それを繰り返すことで、売上が上がって、安定して集客もラクになっていくのです。
　この**二次利用をしなければ、メディアに取り上げられた効果は、ほぼゼロです。**メディアに取り上げられたことで安心せず、どんどんあなたのメディア実績として、拡散していきましょう。

Point：素材の二次利用をしなければ、メディアに取り上げられた効果はありません。積極的に活動しましょう。

5 周囲への感謝の気持ちと宣伝活動を忘れずに

　テレビなどのメディアに取り上げられると、新しくあなたのことを知った人が、あなたのもとに一気に押し寄せてきます。そのときに、どうしても新しい人との関係を築くことに一生懸命になって、従来からの常連客やファンへの対応がないがしろになりがちです。

　ですので、あなたがメディアに取り上げられた直後は、まず常連客やファンに感謝の気持ちを伝えてください。メディアに取り上げられるまでになったのも、常連客やファンあってのことです。このタイミングで、**しっかりと言葉にして伝える**ことで、ますます信頼関係は強固になります。

　同時に、これまで支えてくれた人には、**今まで以上のサービスを提供することを約束する**と、今後も熱い応援を続けてくれます。

　また、口コミを使って、周りに拡散してもらうことも重要です。口コミで情報が伝わる範囲は、間違いなくあなたの商圏だからです。メディアの規模が大きいほど、あなたのことを新しく知る人は全国に広がりますが、口コミであれば、商圏エリア内で確実に情報を広げることができます。

　テレビであれば、番組に感想を送ってもらうことも効果があります。テレビマンも、自分の関わる番組の反響は気にしています。反響が大きければ、当然、続編で取り上げたいと思うようになります。

　常連客やファンをはじめとするあなたの大応援団をつくって、みんなの力で宣伝していくことが重要です。

> Point
> 感謝の言葉を伝えて、メディアに取り上げられたことを口コミで拡散してもらいましょう。

メディアにもらった新規顧客をリピーターに変える

テレビを観た視聴者の行動を把握する

「メディアわらしべ長者」になるためのポイントの3つ目は、継続して売上を上げたり、集客するためのしくみをつくることです。

そのためには、まずはテレビであれば、視聴者が放送を観た後にどんな行動を取るかを把握しておかなければなりません。

視聴者は、テレビを観てあなたに興味を持った場合にどんな行動を取るかと言うと、まず検索するのです。インターネットやFacebookで検索してあなたを訪ねて来てくれます。**あなたがまだ知らない世の中のたくさんの人を、あなたの近くまで連れてくる**、それがテレビは大得意です。

しかし、テレビの仕事はそこまでです。そこから先は、あなたの仕事になります。ここで何もしなければ、あなたがテレビに取り上げられたことは、すぐに忘れ去られてしまいます。

あなたがテレビに出ることは、目的ではありません。あくまで手段です。売上や集客につなげるためにメディアを活用したはずです。それであれば、顧客の獲得につなげなければなりません。

ただ、テレビを観てあなたのもとにやってくる人は**「今すぐ客」**（今すぐに顧客になる人）ばかりではありません。見込客（**「そのうち客」**）もかなりの割合を占めています。

見込客には、必要としている情報や知識を与えながら、顧客に変えていかなければなりません。そして、顧客にも情報を提供したり、信頼関係を構築しながら常連客やファンに育て上げていかなければなりません。

そのためには、時間と手間、そして愛情をかける必要があります。

ホームページの使い方

　このしくみづくりでもっとも重要な役割を果たすのが、ホームページです。ホームページを使ってリストを取るのです。**「メディア活用の最大の目的はリストを取ること」**と言っても過言ではありません。

　というのも、テレビを観て一度だけあなたのもとを訪れてくれた人が、また次に、やって来る保証はありません。ですから引き続き情報を提供していくには、あなたからアプローチできる連絡先が必要なのです。それがリストです。

　ここで言うリストは、セミナー講師や講演家、コンサルタントなどの**情報提供をする人であれば、メールアドレス**になります。商品やサービスを販売する店舗の経営者で、今後はカタログやパンフレット、手紙を送りたい人であれば、住所と名前ということになります。

　このリストを取るために、ホームページが必要になります。ホームページに登録フォームを設置して、リストを取得するのです。

無料オファーからお客様を育てていく

　リストというのは、言い換えれば顧客台帳であり、個人情報です。

　今は、名前などの情報がないメールアドレスでさえ、インターネット上では数百円から数千円で売買されています。

　そう考えると、人は個人情報を簡単には登録してくれません。そのために、魅力的なプレゼントを贈ってリストに登録してもらうのが主流です。このプレゼントのことを、**無料オファー**と言います。

　無料オファーは、動画や音声、資料、小冊子、実物サンプルなど、実際にお金を払ってでもほしいと思ってもらえるものを、複数プレゼントすると効果的です。

　そうして取得したリストにメールマガジンやダイレクトメール、時候の

挨拶の手紙などを**継続的に情報を送り続けることで、見込客から顧客、リピート客、ファンへと育てていくのです。**

「メディアにはたくさん取り上げられました。でも効果がありませんでした」と私のところに言ってくる人は、ここができていません。

個人でビジネスをしている人が、ホームページがないのにテレビに出てしまったり、ホームページがあったとしても、リストを取るフォームがない、あるいはその後で情報を提供していない……それではうまくいくはずがありません。

メディア活用の目的は、リストを取得することです。そして取得したリストに対して、相手に喜んでもらえるような情報を定期的に配信していく。これを継続することがもっとも重要です。

> **Point**
> メディア活用の最大の目的はリストの取得です。リストに情報提供して、見込客、ファンへと変えていきましょう。

ホームページはこう更新する！

「メディア出演実績」と「メディア向け問い合わせページ」

　ホームページに、リストを取得するための登録フォームを設置してくださいと前項でお伝えしました。

　ホームページはインターネット上の会社案内なので、事業内容や商品・サービス、社員紹介など詳しく書かれているに越したことはないのですが、メディア活用において、ホームページにどうしても掲載しておいてほしいものが2つあります。

　まず1つが、**メディア出演実績**です。テレビマンは取材前後にあなたのホームページを確認するという話をしましたが、メディア実績が掲載されていると、取材する側も安心します。

　また、ホームページを訪ねて見てくれた人も、テレビなどのメディアに取り上げられていることを確認することで、あなたの信頼性と権威性が増すことになります。

　実績は増えるごとに、こまめに更新するようにしましょう。写真なども掲載すると効果的です。

　もう1つは、**メディア向け問い合わせページ**です。とくに小さな会社や個人の場合、取材対応をしっかりしてくれる会社かどうか、不安に思っているテレビマンが多いのも事実です。メディア向けの問い合わせページをつくるだけで、メディア活用や広報についてきちんと考えている会社だという印象を与えられ、安心材料にもなりますし、取り組み姿勢も評価されます。

　このメディア向け問い合わせページがあると、取材が舞い込んでくることもあります。私のクライアントの親子カウンセラーの三浦久美子さんも、

この問い合わせページに制作会社からアプローチがあり、日本テレビの「有吉ゼミ」に専門家として出演しました。

テレビマンがたまたまネットサーフィンをしていて、目に留まって取材依頼をしてみた、といった話も耳にします。

あくまでこのページは、メディアがあなたに取材を申し込むためのページなので、通常の問い合わせページとはつくり分けてください。

【メディア問い合わせページの例】

メディア関連お問い合わせ

HOME >> メディア関連お問い合わせ

報道・出版関連、マスメディアの方からのお問い合わせは以下のフォームより受け付けております。
通常、以下のフォームから承って2営業日以内に、担当者より連絡させて頂きます。

お客様のお問い合わせはコチラ→

> **メディア関連お問い合わせフォーム**
>
> 貴社名(必須)
>
> ご担当者名(必須)
>
> メールアドレス(必須)
>
> メールアドレス 確認用(必須)
>
> 電話番号(任意)
>
> 企画概要・お問い合わせ内容

【ホームページについてのまとめ】

- 「メディアで取り上げられました」というメディア掲載履歴はHPの冒頭に持ってくる
- メディア掲載履歴のすぐ近くに「お問い合わせはこちら」というバナーを設置する
- スマートフォンで検索する場合も、次のアクションは電話。電話番号を大きめに記載する
- リスト登録(メールマガジン登録)・購入・お問い合わせ・申込みといった、次のアクションを促す仕掛けをつくっておく
- リスト登録率を上げるために魅力的な無料オファーを提供する
- メディア掲載実績・メディア向け問い合わせページを作成する
- サイドバーに、メディア掲載履歴を羅列する

ホームページは、リスト取得の他にも、メディアとの連絡ツールとして活用しましょう。

口コミを生み出す方法

「社会的口コミ」でビジネスが爆発する

　ビジネスが一気に拡大する局面においては、**「社会的口コミ」**が生まれています。社会的口コミとは、有名人の言動やインターネット上での情報公開などがきっかけで、一瞬にして注目されることを言います。

　社会的口コミが生まれると、例えば、テレビの健康番組でダイエットに効果があると取り上げられた食材が、一気に全国のスーパーマーケットから消えたり、テレビドラマのロケ地になった旅館の予約が半年以上取れなくなってしまうといった現象が起こります。

　社会的口コミは、次の3つの掛け算で生まれます。
社会的口コミ＝メディア×SNS×応援者（インフルエンサー）

　ですので、あなたがメディアに取り上げられた後は、**SNSと応援者の要素をいかにして大きくするか**、ということに力を注いでください。SNSは「どうしたらSNSで紹介してもらえるか」、応援者は「どうしたら体験した人が広めていきたいという気持ちになるか」ということです。

　このSNSと応援者の部分に共通するのは、**「常識を破壊すること」**です。当たり前ではないこと、今までに経験したことがないことを「見て」「聴いて」「体験してもらう」ことで、社会的口コミは生まれやすくなります。

　もう1つは、**「期待を上回ること」**です。相手が持っている期待をあなたが1ミリでも上回れば、それが感動となります。人は自分が感動したことを周りに伝えたくなります。

社会的口コミを発生させるアイディア

　社会的口コミを発生させるためのアイディアについては、以下に10個挙げておきましたので、ビジネスのヒントにしてください。

①写真を撮ってもらう
　顔出しパネルやキャラクターを設置して、一緒に写真を撮ってもらう。

②写真を撮ってあげる
　接客する側から積極的に声をかけ、シャッターを押してあげる。

③非日常の体験をしてもらう
　ゲームなどのストーリー、世界に入ってもらう。

④不自由を感じてもらう
　不自由な状況を打破するためのバズ（拡散）が起こりやすくなる。

⑤タイミングをずらす
　これまでの常識が常識ではないことを感じてもらう。

⑥五感で感じてもらう
　実際に体験することで、人に伝えやすくなる。

⑦面倒・手間がかかることをする
　「わざわざ」「そこまでやるの」という要素があると、感動を生みやすい。

⑧ディプロマ（証明書）を発行する・表彰する
　写真と同じで人に見せたいと思う。

⑨わざとダブらせる・多めに渡す
　日本には「おすそ分け」の文化があるので、余ったものを誰かに渡すために告知する。

⑩お客様にも共通のゴールを目指してもらう
　クラウドファンディングのように応援団として同じ目的を達成する。

社会的口コミを起こすことで一気にあなたのビジネスを拡大しましょう。

9章

ビジネスを長期的・継続的に成功させるメディア活用術

コラボビジネスの注意点

事業を継続するために何をするか

　前の8章ではメディアに取り上げられることが売上や集客につながること、そのためにはリストを取得して情報提供していくこと、それを継続することの重要性に気づいていただけたと思います。
　この9章では、経営者の視点から、ビジネスを継続していくためのメディア活用についてお伝えしていきます。

　私はテレビ局を退職した後、10年以上、ファイナンシャルプランナー・経営アドバイザーとして小さなお店やフリーランス、中小企業の経営をサポートしてきました。
　経営者としてビジネスを続けていくためには、事業拡大や資金調達、人材採用、福利厚生など、あらゆるところに目配り、気配りしていかなければなりません。
　その場合に必要なことは何か、そのために**メディアに取り上げられた実績をどうやって活用していくか**、という話をしていきます。

　メディアに取り上げられるということは、あなたが一躍有名人になるということでもあります。あなたにとっては初対面の人でも、相手はあなたのことを知っている、ということも起きます。
　同時に、これまでは予想していなかったトラブルに巻き込まれることも想定されます。実際にメディア出演後に起こり得るトラブルのケースと心がまえ、対策についてもまとめていきましょう。

メディアに取り上げられることのメリット

まず、テレビをはじめとするメディアに取り上げられると、**あなたの周りにたくさんの人が寄ってきます。**

前の章でも書きましたが、テレビが見込客を集めてきてくれます。取り上げられ方がよければ、今度はメディアから「取材させてください」と言って、やってきます。

そして、テレビを観てあなたの想いに共感して、「一緒にビジネスをしたい」という人も寄ってきます。あなたの商品やサービスをうちの店に卸してほしい、代理・代行販売をさせてほしいという人も、あなたに連絡してくるでしょう。

またあなた自身も、取引先を広げるチャンスです。

美容関係のビジネスをしている私のクライアントは、テレビに出る前は「うちの会社と取引したいのであれば、テレビに取り上げられるなどの実績を積んでから来てください」と言われ、訪問しても、お茶も出なかったそうです。

しかし、テレビの情報番組に取り上げられた後にアポイントを取って訪問したところ、「ぜひ取引をお願いします、と頭を下げられました。コーヒーも出てきましたし、おみやげの焼き菓子までいただきました」と笑って話してくれました。

ニュース番組に取り上げられた輸入食品会社の社長いわく、「取り上げられた番組の録画を観せたら、その場で商談がまとまりました」とのことです。

尊敬できる人とコラボしよう

テレビに取り上げられるということは、すなわちテレビからお墨つきをもらうことです。このお墨つきは、他社との差別化や信頼の獲得につながり、仕事がやりやすくなります。

ただ、この状況では、テレビを観て声をかけてくれた人とコラボビジネスをして大丈夫かどうか、しっかり判断するようにしましょう。中には、あなたの知名度を利用して稼げればいいという輩もいます。

あなたはテレビに取り上げられて注目されている状況ですから、あなたの想いどおりのビジネスをすることが重要です。番組に取り上げられた内容や、インタビューで話した内容とあなたのビジネスが一致していなければ、信頼を一瞬にして失うことになります。

ですので、**あなたの想いと相手が求めているものが一致しているかどうか**、しっかり確認してコラボビジネスをするようにしましょう。想いが一致しているかどうかを確認するには、あなたがメディアに届けたプレスリリースを読んでもらったり、取り上げられた映像を実際に観てもらい、確認するといいでしょう。

コラボビジネスの鉄則は、あなたよりも**格上の人、あなたが尊敬できる人と組むことです**。格下の人と組んだ場合には、相手からすればあなたの力に頼っている状態なので、依存心が生まれ、仕事をしているうちにお互いの気持ちが離れていくことになり、うまくいきません。

目標に向かって適度な緊張感を持ち、切磋琢磨し合うためにも、あなたが真剣に取り組めるパートナーとタッグを組むようにしましょう。

また、メディアに取り上げられると、出版につながったり、行政の仕事が舞い込むといったビジネスチャンスも生まれます。自分の想いに合っているもの、この先も伝えていきたい内容であれば、積極的にチャレンジして実績と経験を重ねていきましょう。

テレビに出演することでビジネスチャンスも広がります。コラボビジネスのパートナーと想いを共有しましょう。

テレビ出演が資金調達を有利にする

テレビ出演が資金調達を有利にする

　ビジネスの継続・発展にお金は必要不可欠です。お金がなければ、新しい事業を立ち上げることもできませんし、人を雇用することもできません。仕入れをすることも、取引先に支払うこともできません。

　売上があり、利益が上がっていても、余裕を持ってビジネスを進めるためには、資金はいくらあっても困るものではありません。**「資金を調達するのが経営者としての能力」**と言う経営コンサルタントもいるほどです。

　では、テレビ出演が資金調達にどんなメリットをもたらしてくれるのか、という話をしていきたいと思います。

　まず、起業初期段階でできる主な資金調達方法は、主に以下の5つの項目に分類できます。

①自己資金で賄う
・預貯金など自分の金融資産からの取り崩し

②個人からの借金
・親族・友人・知人からの借金（トラブルになりがちなので、契約書を交わす）
・エンジェル投資家からの出資
・クラウドファンディング

③企業・金融機関からの借り入れ
・日本政策金融公庫からの融資
・信用保証協会からの融資
・ベンチャーキャピタルからの出資
・信用金庫・銀行からの借り入れ

④国や公的機関の制度を利用する
・補助金の活用
・助成金の活用
⑤キャッシュフローの改善
・数値目標設定の見直しと効率化
・仕入先との交渉
・売掛金の早期回収
・顧客からの前払金支払い依頼
・不要資産の売却
・法人成り

プロの映像で事業計画を語る

　このうちメディア活用・テレビ出演が大きな効果をもたらすのは、「②個人からの借金」「③企業・金融機関からの借り入れ」「④国や公的機関の制度を利用する」の部分です。
　テレビに取り上げられることによって、あなたの想いや考え、ビジネスに対するイメージが理解されるようになります。これは視聴者だけでなく、あなたが融資してほしい相手も同じです。
　お金を貸してもらうときに、単に「お金を貸してください」では、誰も応じてくれないでしょう。「なぜ貸してほしいのか」「何の目的に使うのか」「どんな想いでビジネスをしているのか」「どうやって返済するのか」、そうしたことについて事業計画を作成して、自分の言葉で説明する必要があります。

　その場合に、単に資料だけで淡々と話すよりも、あなたの現時点の状況について写真や映像などを交えながら話せば、より相手に伝わります。
　アメリカの調査会社フォレスターリサーチによると、1分間の動画が伝える情報量は180万語と言われています。これは、Webページに換算すると、3600ページ相当の膨大な量です。その量に加えて、プロのカメラ

マンが撮影・編集した映像で、テレビマンが書いた原稿をアナウンサーが読んだ、質の高い情報であればどうでしょう。相手の気持ちも大きく出資や融資に揺らぎます。

テレビ放映で世間が味方になってくれる

　あなたがテレビに取り上げられたというだけで、あなたの事業計画も説得力が増します。実際にこんなケースもあります。

　ある経営者が事業拡大の設備投資のために、銀行に融資をお願いしました。しかし、融資は下りませんでした。

　後日、この会社がテレビに取り上げられたときのプレスリリースを、前回提出した融資資料の中に1枚だけプラスして再提出したのです。すると、何と今回は2000万円の融資が決定したのです。

　これもテレビ出演効果なのです。銀行は企業の数字について判断することは得意です。しかし、今後その商品が売れるのか、世の中でどれくらいの人気があるのか、といったことについては資料からは把握できませんでした。

　そのため、最初の査定では、今回は様子見で、「数カ月後に商品の売れ行きを見て判断しましょう」ということになったのです。

　しかし、テレビが取り上げて「大ヒットの予感」と報じてくれたことで、爆発的なヒットはほぼ確実。テレビが与えたお墨つきを判断材料に、融資が決定したのです。

テレビで取材されることは大きなお墨つき。資金調達にも賢く利用しましょう。

補助金・助成金と相性抜群のプレスリリース

プレスリリースと補助金申請書との共通点

　次に国や公的機関の補助金・助成金についてです。補助金・助成金は、いずれも申請期間内に書類を作成・提出します。

　実は、この補助金・助成金の申請資料の採点ポイントとなる項目が、プレスリリースの採点ポイントとまったく一緒なのです。

　例えば、**創業補助金**（**創業・第二創業促進補助金**<中小企業庁>）というものがあります。これは、新たに創業する起業家や、第二創業を行なう企業に対して、創業に関わる費用の一部（実際にかかった費用の2/3で、100万円以上200万円以内）を補助してくれる制度です。

　小規模事業者持続化補助金（日本商工会議所）は、経営計画に従って実施する販路開拓等の取り組みに対して、50万円を上限に補助金（補助率2/3）が出る制度です。

　また、**ものづくり補助金**（中小企業庁）は、ものづくりを行なう中小企業・小規模事業者が実施する「試作品の開発」「設備投資」などにかかるお金の補助（小規模型は500万円、一般型は1000万円が上限　補助率2/3）が受けられます。

　これらの申請書類の中で、もっとも重視される3つのポイントが、**①新規性・独自性、②社会貢献、③経済効果**なのです。

　つまり、補助金の審査員があなたの補助金申請を採択するかどうかのポイントと、テレビマンがあなたのプレスリリースを読んで、取材するかどうかを判断するポイントは、まったく一緒なのです。

　それを1つずつ確認していきましょう。

申請書が採択される３つのポイント

　まず**新規性・独自性**は、これを記載することによって、他の事業と差別化を図ることができます。５章１項の「マスコミが弱い７つの言葉」を思い出してみてください。１つ目にこう書きました。「〇〇初……世界初、日本初、地方初、都道府県初、業界初といったものですね。マスコミというのは『初めて』に弱いんですね」。

　補助金は募集時期にもよりますが、１回の募集につき数万件の申請が寄せられます。その際、他の会社も申請している同じような内容よりも、「日本初、〇〇地方初」と書いてあったほうが、インパクトがあり、その後も読み進めてみようという気持ちになります。

　次に**社会貢献**です。社会貢献性のある事業とは、実行することで、多くの人の悩みや不安を解消したり、利便性を提供できる事業です。

　あなたが補助金を出す立場であれば、「自分が儲かればいいと思っている経営者の事業」と、「多くの人に夢や希望を与え、喜んでもらえる事業」のどちらに補助金を受給してほしいですか。当然、後者ですよね。審査員もそちらの申請書に高得点をつけます。

「このサービスを提供することで、年々増加する高齢者の買い物の不安が解消されます。高齢者が買い物をする楽しみを感じ、積極的に出歩くことで『買い物難民』も少なくなります。

　その結果、現在、深刻化しつつある孤独死も減少させることにもなります。それが、（結果として）弊社の売上アップにもつながるのです」

　というような経営者のほうが、応援されやすいのです。

　３つ目は、**経済効果**です。これは、申請した事業を行なうことで、世の中にどういった効果があるのかを示します。プレスリリースの書き方では、社会貢献と合わせて「期待できる効果・夢・未来『How in the future』」という言葉で表現しました。

達成するイメージが描ける具体的な数値を書こう

　プレスリリースと補助金の違いは、補助金の場合は、具体的な数値で表わす必要があります。

　例えば、「1000億円と言われているシニアビジネス市場（経済産業省調べ）の拡大のために、○○という新サービスを開発することで、5年後には3000億円市場を目標としています」「このサービスを導入することで、年間20万人の新たな雇用を見込んでいます」というように記載します。

　補助金を出す立場に立てば、当然、補助金を有効活用してほしいと思っています。お金を出すからには、効果を上げてほしいですし、**達成するイメージが描けるビジネスモデルに渡したい**と思っています。

　プレスリリースを書いたら、その流れで受給資格のある補助金・助成金の申請書を作成することをお勧めします。年間に公募される補助金・助成金の数は3000以上と言われているので、あなたに合った補助金・助成金も必ずあります。

　また、その申請書も、他の補助金を申請する場合にも流用できる項目が多いことに気がつくはずです。もしわからないことがあれば、税理士や社会保険労務士など、申請のサポート業務をしてくれる専門家もいるので、問い合わせてみましょう。

　補助金や助成金については、募集スケジュールがインターネット上で公開されています（**ミラサポ（中小企業庁）**：https://www.mirasapo.jp/subsidy/）。申請期間が短いものもあるので、定期的に確認するようにしましょう。

プレスリリース同様、補助金・助成金は①新規性・独自性、②社会貢献、③経済効果の3つがポイントです。

テレビ出演で優秀な人材を採用する

費用をかけても優秀な人材を採用できるとは限らない

　新しくビジネスをスタートさせたり、拡大させていく局面において、「猫の手でも借りたい」思ったことはありませんか。

　当然、「猫の手」というわけにはいかず、理想を言えば、優秀な人材が必要になります。その場合、多くは人材紹介会社や求人広告の力を借りて採用します。そうすると、当然費用がかかります。

　転職情報サイトの「マイナビ転職」によると、1社が年間にかける中途採用の経費は、人材紹介に257.3万円、求人広告に168.9万円で、合計すると年間400万円以上にものぼります（中途採用状況調査2015年　株式会社マイナビ）。

　しかも、年間400万円以上の費用をかけたからといって、期待する人材が採用できるとは限りません。

　では、あなたやあなたの会社に強い想いを持って、あなたと一緒に活躍したいという社員を採用するためには、どうすればいいのか。答えは、**テレビに出演して、あなたの想いを伝えればいい**のです。その場合に、伝える情報を、会社の福利厚生や環境というところにフォーカスしたプレスリリースを書いて、取り上げてもらうのです。

特色のある福利厚生をアピール

　あるIT会社は、「一日中パソコンばかり見ていて、コミュニケーションが取れないのでは？」という質問が就職活動中の学生から出たことから、福利厚生のひとつとして、**「サークル手当」**というものをつくりました。社内で自分の好きなサークルに所属して、その活動手当を毎月補助す

るという内容でテレビに取り上げられました。

あるコンサルティング会社では、月に1万円まで自分の好きな本を購入していいという**「読書手当」**を導入し、テレビに取り上げられました。

さらに、ある電子メーカーの工場では、**「おやつ手当」**についてテレビで取り上げられました。シフトで勤務に入った場合、1日500円が、おやつ代として現金で支給されるのです。

この3つの会社の採用はどうなったのかと言うと、いずれの会社も、新卒採用者のエントリー数が前年の2倍になりました。エントリー数が2倍になったことで、将来の幹部候補生も採用できるようになったのです。

テレビ出演で社員の士気も上がる

このように、お金をかけなくても働きたいという人が集まり、社長と夢やビジョンを語りたいという人がやってくるのです。これはまさしく、テレビの広報効果によるものです。

チャレンジよりも安定を求め、事前に徹底したリサーチをしてからエントリーする今の若者にとって、テレビで放送される会社イコール安心というお墨つきは、非常に魅力的なのです。

またテレビ出演は、社員や従業員の士気を上げる効果もあります。テレビに取り上げられる会社には将来性がある、という判断を、社員自らがしてくれます。また、それよりも大きいのが家族への影響です。

家族も会社や仕事の内容をテレビで知り、「いい会社だね」「頑張っているんだね」「応援するよ」と言ってもらえるようになります。家族の応援がもらえる、こんなに心強いことはありません。

優秀な人材を採用するために、あなたの会社の福利厚生について、テレビで情報発信しましょう。

広報を「しくみ化」する

小さな会社の広報は攻めの業務

これまで主に、プレスリリースを使った広報について説明してきましたが、本来の広報活動は単にプレスリリースを書いてメディアに届けるだけの話ではありません。

会社や事業のイメージつくり、ブランディングのために必要な機能を果たすのが、広報です。また、商品やサービスを効果的に宣伝し、ファンを増やして事業を拡大していくためにも広報は必要不可欠です。

ひとりビジネスの場合は、ひとり広報でもかまいません。広報業務を意識して、計画的に行なうようにしましょう。

大きな会社の広報と小さな会社の広報の業務は、まったく異なります。**大きな会社の広報の場合は、守りの業務**が大きな比重を占めます。今、会社が持っているイメージの維持や、定例の記者会見の設定、株主対策や社内報の作成などの業務がメインです。

一方で、**小さな会社の広報は、攻めの業務**です。いかに自分の商品やサービスを世間に広めるか、お客様を連れてくるかが主な仕事です。

広報業務で大事な２つの心得

あなたが広報業務をするにあたって２つ意識してほしいことがあります。

１つは、**スピード感を持って対応すること**です。チャンスはいくらでも転がっているわけではありません。メディア取材の話がきた場合にも、すぐに回答できるよう、しっかり準備をしておく必要があります。担当者もたらい回しにならないよう、窓口を一本化しておきましょう。

そういった意味では、広報担当を専任で置く場合は、社長との意思疎通

が極めて重要です。

　そしてもう1つは、メディアの人間には、**いい情報も悪い情報も流すようにしてください。**悪い情報を隠してしまうと、信頼関係は構築できません。悪いことがあっても、それを隠すことなく知らせることで、その誠実さに人は引きつけられるのです。

　規模が小さくても、広報で成功している会社の共通点を挙げておきましたので、ぜひチェックしてください。

［広報で成功している会社の5つの共通点］
　①広報担当者がいる
　②広報担当者が経営者の想いを熱く語れる
　③広報担当者が営業マン以上に営業マインドに溢れている
　④テレビ・ラジオ・新聞・雑誌に加えてネット対策を重視している
　（ネットの特徴は、❶検索できる、❷連続性がある、❸拡散力があること）
　⑤年間の広報計画を作成している

たとえひとりビジネスでも広報担当者（自分）を設置して、計画的な広報を意識しましょう。

風評被害対策・ストーカー対策の必要性

 テレビをはじめとするメディアに取り上げられることは、ある意味、有名人になることでもあります。そうなると、思わぬトラブルに巻き込まれることも想定しておかなければなりません。
 その場合の対処法について、まとめておきたいと思います。

ストーカー対策を万全にしよう

 テレビに取り上げられることで、あなたにはファンが増えます。そのファンのうち、ごく少数でしょうが、あなたのプライベートまで詮索してくるような熱狂的なファンがいるかもしれません。
 熱狂的なファンとのコミュニケーションは、ちょっとしたボタンの掛け違いで、ファンからストーカーに変貌することがあるので注意が必要です。

 ストーカー被害に遭わないためには、まずはメディアに取り上げられる場合の番組・企画の選定が必要です。
 よく「美人すぎる○○」という企画がありますが、このような企画の場合、熱狂的なファンが集まってくる可能性が高いので、注意が必要です。あなたの本質や想いよりも、外見や見た目の美しさにフォーカスされてしまう可能性もあるので、しっかり考えてから取材を受けるようにしましょう。

 そういう意味では、テレビに取り上げられた直後は、とくに気をつけるようにしましょう。
 テレビに取り上げられて、自宅まで見知らぬ男につけられた女性がいます。この女性は、自宅と事務所を兼用していたため、公開していた事務所の住所を訪ねてきた男に、自宅を知られてしまったというケースです。

ですから事務所などの仕事スペースは自宅と別にするほうがいいのですが、事務所を借りるのもお金がかかるので、シェアスペースなどを借りて住所登録する方法もあります。それもむずかしい場合は、私書箱を設置したり、バーチャルオフィスでもいいでしょう。

　また電話番号をホームページなどに掲載する場合にも、自宅の番号ではなく、会社の番号を取得して載せるようにしましょう。
　月額数千円で電話対応をしてくれる秘書サービスなどもあるので、こういったサービスを利用することも検討してみてください。
　場合によっては、名前もビジネスネームをつけて活動することを考えてもいいでしょう。

　もし何か不審な気配を感じたら、まずは周囲に相談するようにしましょう。さらに不安な状況が続く場合は、警察に相談しましょう。
　ストーカー被害は女性に限ったことではありません。男性にも起こる可能性があるので、注意が必要です。

ネット炎上被害は身近に起こり得ること

　メディアを活用した場合には、あなたへの妬みや嫉妬などから、炎上が起こることも十分想定できます。近年、SNSの普及から、ネット炎上の被害が増えています。

　炎上を、「ある人物が発言した内容や行なった行為について、ソーシャルメディアに批判的なコメントが殺到する現象」と定義したうえで、このようなデータがあります。
　国際大学グローバル・コミュニケーション・センターの講師である山口真一氏によると、インターネットでの炎上加担者は1.5％だそうです。合わせて、炎上に積極的に加担している人は、
「年収が多く、ラジオやソーシャルメディアをよく利用し、掲示板にもよ

く書き込む。インターネット上で嫌な思いをしたことがあり、非難しあってもよいと考えている、若い子持ちの男性が多い」
と分析しています。

ネットは匿名で情報発信ができるうえ、気軽に友だち感覚で発言できるため、炎上が多発します。炎上は近年増加していますが、**身近に起こり得る**ことだということ、起きたとしても、それが**ごく少数（マイノリティ）の意見である**ことを知っておきましょう。あなたが過度に落ち込む必要もありませんし、精神的に追い込まれる必要もないのです。
書き込みの量や頻度が少なければ相手にせず、放っておくのもひとつの対処法です。

ただ、炎上もエスカレートしていくと、その書き込みを見た人が、あなたへの間違った情報を信じてしまい、これまで築いてきた信頼を失うばかりか、場合によっては倒産に追い込まれることすらあります。
その場合は、管理者に削除依頼や警告をお願いしましょう。それでも改善されない場合は、アカウントの変更や、弁護士・警察などの専門家に相談することをお勧めします。

炎上については、SNSだけではありません。このようなケースもあります。
ある喫茶店のマスターが、店の前で草むしりをしていました。後ろから子ども連れの女性がやってきて、マスターに「こんにちは」と挨拶をしました。女性はマスターをテレビで観ていたので挨拶をしたのです。
マスターは振り返ると知らない女性が立っていて、挨拶もよく聞こえなかったので、女性の顔をじっと見るだけでした。
その後、喫茶店には常連さんが来なくなりました。マスターに挨拶した女性が、この地域のボスママだったのです。
この日の対応がママ友を介して広まり、マスターは「テレビに取り上げられて挨拶もしない、勘違い人間」というレッテルが貼られてしまったの

です。半年後、喫茶店は閉店することになってしまいました。

　セミナーで全国を回っていると、「テレビに出ると、税務署に入られやすくなりますか？」などという質問をよく受けます。

　確かに一気に羽振りがよくなれば、税務調査が入る可能性があります。ただ、経理をクリーンにしていれば、何の問題もありません。

　テレビに取り上げられるということは、その後も社会人として模範となるように活動することが求められます。

やたらかかってくる電話での投資話

　テレビに出演して有名になると、会社にかかってくる電話も多くなります。モノを買ってくださいという電話や、融資・投資話の電話がたくさんかかってくるようになります。

　ダイエット本で150万部売れた著者には、「エビの養殖」「とうもろこしの先物取引」「バナナ農園へ億単位での投資」を勧める電話がかかってきたそうです。

　電話の投資話は、**「富裕層にしか案内していません」**といったアナウンスをするのが特徴です。世の中に労せずして稼げるような、うまい投資は存在しません。安易に乗らないように注意しましょう。

　ここでは3つのケースについて説明しましたが、これもすべて、テレビに取り上げられるのが、選ばれたごく一部の人であるがゆえに起こり得るということです。

　事前に起こり得ることを推測しておけば、いざトラブルに巻き込まれた場合でも、余裕を持って対処することができます。恐れることなく正々堂々とメディアを活用して、世の中のためにメッセージを発信してください。

起こり得るトラブルを想定しておきましょう。そして恐れることなく正々堂々とメディアを活用していきましょう。

おわりに　──テレビは今日もあなたを待っている！

　私はテレビに育てられました。
　どんなときも、私のそばにはテレビがありました。大好きだった祖母の膝のうえで、みかんを食べながら観たテレビ。学校で逆上がりができなくて、泣きながら帰ったあの日。テレビの前に座れば、自然と笑顔になれました。学校での話題は常にテレビが中心、トレンディドラマを真似して、フラれたことも一度や二度じゃありません。
　社会に出たら、テレビをつくる側の人間になりたいと思うようになり、テレビ局に就職。ついに大恋愛を成就させました。しかし、まさかのマリッジブルー。あのとき、一度は別れを告げたはずなのに、気がつくといつもテレビのことを考えている……。
　そして今は、テレビをテーマに全国各地で講演をしているのですから、私の人生、テレビなしに語ることはできません。
　今も、どんなに忙しくても、１日６時間はテレビを観ます。ニュースも情報番組も、バラエティもスポーツも音楽番組もドラマも、どんな番組もまんべんなく観ます。テレビから毎日、パワーをもらっています。

　そんなテレビ業界が、今、試練のときを迎えています。若者たちをはじめとするテレビ離れと、それに伴う広告収入の減少による業績不振、そして人手不足。テレビマンはもがいています。もっと言えば、新聞や雑誌、ラジオといった他のメディアは、さらに深刻です。
　お世話になったテレビ業界のために、私ができることは何か。埃のかぶったビデオデッキを押し入れの奥から引っ張り出し、ビデオテープを再生しては、画面の向こうにいる、あのときの私に問いかけました。
　「おい大内、お前のテレビマン時代、何が一番大変だった？」
　画面の中の大内がこう答えるのです。
　「そりゃ大内さん、何も放送するネタがないときのネタ探し。これが大変

ですよ。ニュースって、昨日のことを伝えても、それはニュースじゃないんです。常に新しいことを伝えなくてはならないのです。それを視聴者から求められているんです。

それに応えてこそ、テレビマンでしょ。だから、何もないときでも、何もないなんて口が裂けても言えない。そのことを考えると、常に何か追いかけるものがあるって、幸せですよね」

その一方で、私はこの10年間、テレビの外から世の中を見てきました。そこには厳しい現実がいたるところに転がっています。「えっ、あのお店、つぶれちゃったの？ おいしかったのに。来月、飲み会をやろうと思っていたのに」。こんな経験、誰でも一度や二度、あると思います。

よく、「おいしければ、店も潰れるはずがない」と言う人がいますが、それは間違いです。いくらいいもの、いいサービスを提供していても、認知されなければ、今のご時世、いとも簡単に倒産してしまうのです。

もし、そのお店が一度でもテレビに取り上げられて、注目されて、お客様が入っていたら……。

餅は餅屋。専門家は専門のことだけやっていればいい。確かにそうです。しかし、21世紀の餅屋はのれんを毎日上げ続けるために、しなくてはならないことが増えました。それがマーケティングであり、SNS活用です。

インターネットの急激な普及により、商売のスタイルさえ変わってしまいました。お客様に存在を知ってもらうにしても、新しく覚えなくてはならないこと、お金がかかることがあまりに多すぎるのです。

そこで今、プレスリリースを使った広報が注目を集めています。**A4用紙たった1枚にあなたのメッセージを書いてテレビ局に伝えるだけで、場合によっては、数千万円の広告宣伝費を払うのと同等、いやそれ以上の宣伝ができます。** しかも、費用はタダ。一度学べば、SNSのようにコロコロとルールも変わりません。

そうだ、この方法を伝えることができたら、元テレビマンも、小さなお店の経営者やフリーランスを助けられるのではないだろうか。そう思いま

した。視聴者が知りたい情報を伝えることができて、お店も認知されて、どちらの立場も尊重できる方法を伝えていきたいと思ったのです。

　「考える前に、行動」の私は、それに気づいた2週間後、セミナーを開催していました。2年間かけて3000人を超える経営者から、テレビ出演で人生を変えたいという熱い想いを聞いてきました。私も胸が熱くなりました。
　「私、大内先生に出会ったときは、崖っぷちだったんです。『これからどうしよう…』という段階で、テレビに出る方法を学び始めたので、『正直、半年たってもどうなるのかな』って、最初は思っていました。でも、その半年後に、最初の予想を大きく超えるところに来ている自分がいて、ビックリしています」
　これは、本書の中でも登場していただいた、心理カウンセラーの三浦久美子さんからいただいた感想です。実際、ゴールデンタイムのバラエティ番組「有吉ゼミ」に取り上げられた三浦さんは、彼女を頼りたいお客様のリストを取得し、売上も集客も過去最高を記録しています。そして何よりも、以前より笑顔も多く、イキイキとしています。
　小さなお店・会社だからこそ、やってほしい売上アップ、販売促進の方法があります。
　フリーランスだからこそ、集客を劇的に増やす方法があります。
　それが、テレビ活用です。テレビ活用で解決できない問題は、何ひとつとして、ありません。

　この本では、あなたがテレビに取り上げられて、一気にステージが変わる、人生を変えるための方法を、一切隠すことなく、すべてお伝えしました。ここまで読んでいただいたあなたなら、きっと実現できます。
　スタートを切ったあなたを、全力で応援します。

「テレビは観るものじゃない、出るものだ！」

メディア活用研究所代表　大内 優

『小さなお店・会社、フリーランスの「テレビ活用」7つの成功ルール』書籍購入特典3大プレゼント

本書をご購入いただいた方には、もれなく以下の3つをプレゼントいたします。

① 本書にも記載していない
　[未公開]プレスリリース
② 本書掲載ワークシート
　「ペルソナ20」・「メディアリスト」
③ テレビ活用に関する最新情報

アクセスは、以下の3つからお好きな方法で！

1．QRコードから申請

2．空メールを送って申請
　　　　　　　　　mm-mcareer-15@jcity.com

3．問い合わせフォームから申請
　　http://www.media-planner.net/contact/
⇨メッセージ本文に「書籍購入特典希望」と書いてください。

- いずれも登録後、確認のメールが送られます。送信まで時間がかかる場合がございます。ご了承ください。
- 登録された情報は、適切な管理に努め、承諾なしに他の目的に利用しません。
- 上記の特典は事前の予告なく終了する可能性があります。
- 特典に関するお問い合わせは、メディア活用研究所
（メール info@money-career.jp、TEL 0120-783-536）までお願いいたします。

著者略歴

大内 優（おおうち ゆう）

メディア活用研究所代表

1978年福島県郡山市生まれ。慶應義塾大学卒業後、福島テレビ株式会社で報道記者として4年間勤務。取材ネタの選定・番組制作には定評があり、テレビ番組コンクールでの受賞歴もある。記者時代に目を通したプレスリリースは40,000件以上。その経験から、プレスリリースの良し悪しを5秒で判断することができる。

独立後はメディア活用研究所代表として、テレビを効果的に活用し、ビジネスを拡大するためのノウハウを伝えるセミナーを全国各地で開催。また、メディア活用に関する活きた情報を手に入れるために、現在もテレビ番組MCやラジオパーソナリティとして活動を続けている。

■講演・取材などのお問い合わせ
メディア活用研究所
http://media-planner.net/contact_syuzai/

小さなお店・会社、フリーランスの
「テレビ活用」7つの成功ルール

平成29年5月30日　初版発行

著　者 ____ 大内 優

発行者 ____ 中島治久

発行所 ____ 同文舘出版株式会社

東京都千代田区神田神保町1-41　〒101-0051
電話　営業03(3294)1801　編集03(3294)1802
振替 00100-8-42935
http://www.dobunkan.co.jp/

©Y.Ouchi　　　　　　　　ISBN978-4-495-53731-9
印刷／製本：萩原印刷　　Printed in Japan 2017

JCOPY ＜(社)出版者著作権管理機構 委託出版物＞

本書の無断複写は著作権法上での例外を除き禁じられています。複写される場合は、そのつど事前に、出版者著作権管理機構（電話 03-3513-6969、FAX 03-3513-6979、e-mail: info@jcopy.or.jp）の許諾を得てください。